AUX

AVANT-POSTES

IMPRIMERIE L. TOINON ET Cⁱᵉ A SAINT-GERMAIN

AUX
AVANT-POSTES

JUILLET 1870 — JANVIER 1871

PAR

AMÉDÉE LE FAURE

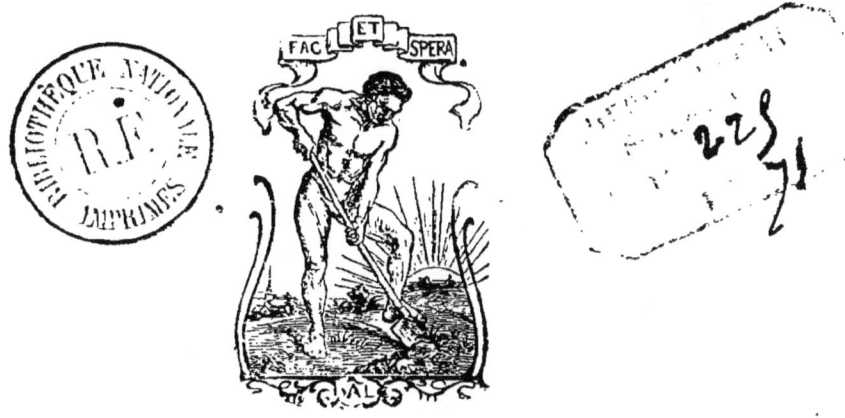

PARIS
ALPHONSE LEMERRE, ÉDITEUR
47, PASSAGE CHOISEUL

M. DCCC. LXXI

AU LECTEUR

Ces notes, écrites au jour le jour, ont été, durant la campagne, publiées dans divers journaux (le Soir, les Débats, Paris-Journal, le National, l'Opinion nationale). Il se trouve dans ces lignes bien des erreurs qu'il m'eût été facile de corriger. Mais j'ai pensé qu'il valait mieux ne rien changer. C'est là le tableau fidèle de toutes les sensations éprouvées durant cette triste guerre.

Si, dès le début de la campagne, j'ai cru au succès de nos armées, ce n'est pas là un crime qui ne se puisse avouer. Jusqu'au dernier jour, j'ai espéré la victoire. Vivant avec tous ces intrépides soldats, témoin constant des efforts tentés, je ne pouvais croire à la défaite. Pour nous abattre, il a fallu l'imprévoyance de nos généraux, le nombre, la faim.

Combien sont tombés de ces héroïques soldats qui n'avaient qu'un mot sur les lèvres : la Patrie ! Quand la France écrasée a lutté, non plus pour la victoire, mais pour l'honneur, ils n'avaient qu'une espérance : LA REVANCHE.

La revanche !

Puisse ce jour glorieux luire bientôt !

AMÉDÉE LE FAURE.

CHAPITRE PREMIER

STRASBOURG — METZ — NANCY

Strasbourg, 17 juillet.

Je vous adresse ma première lettre de Strasbourg. L'enthousiasme est ici plus grand qu'à Paris : les portes des casernes sont assiégées par une foule anxieuse, et le colonel du 18ᵉ de ligne, qui commande la place, est, chaque soir, obligé de paraître à l'une des fenêtres de l'hôtel de l'état-major. Ces démonstrations sont d'autant plus significatives que l'élément allemand est ici considérable : un moment même, les autorités militaires se sont trouvées embarrassées. Interdire ces manifestations, c'eût été froisser le sentiment national ; d'un autre côté, en paraissant les encourager, on pouvait craindre des rixes. Grâce à Dieu, les Allemands n'ont pas protesté !

Il faut dire, d'ailleurs, que beaucoup de ces malheureux se montrent fort peu empressés de servir la cause prussienne. J'ai rencontré, ce matin, une escouade qui se disposait à traverser le Rhin pour rejoindre la landwehr ; presque tous avaient les larmes aux yeux, et quelques-uns ne se gênaient pas pour maudire en termes énergiques une politique qui les éloigne de leur famille, et les force à combattre une nation qu'ils s'étaient habitués à considérer comme leur patrie.

La vue des fortifications de Strasbourg est, en outre, peu faite pour rassurer ces malheureux forcés de nous combattre. Plus de neuf cents pièces sont en batterie, attendant l'ennemi. Les soldats se promènent l'arme au bras près des canons, et des groupes d'artilleurs disséminés çà et là sur les talus des fortifications prouvent que les Prussiens peuvent venir.

L'enthousiasme des troupes est indescriptible. Sur les bords du Rhin, une compagnie campe, attentive au moindre mouvement. Je viens de causer avec tous ces soldats. Ils ont tous une seule et même pensée : voir l'ennemi.

— Voyez-vous, me disait l'un d'eux, nous sommes sur les dents, nous brûlons la fièvre, et, même pour manger, nous ne pouvons nous décider à quitter nos fusils. Il y a vingt heures que cela dure, et s'il nous faut rester encore deux jours comme cela, je ne répondrais plus de mes hommes : ils essaieraient leurs chassepots *là-dessus*.

Là-dessus — traduisez sur les soldats badois.

Vous connaissez de vue ces braves gens, inoffensifs, ne connaissant qu'un Dieu, — la bière, — peut-être est-ce une déesse. Ronds comme des balles, le nez rouge, ils se promènent d'un air effaré. De temps en temps, ils marmottent entre leurs dents :

— Pourvu que ces diables de Français ne s'amusent pas à tirer !

Les Prussiens n'ont d'ailleurs en ces honnêtes citoyens qu'une confiance modérée, si modérée même qu'ils viennent de renvoyer leur commandant, qu'ils ont remplacé par un major prussien.

La fantaisie m'a pris de visiter ce corps de garde. La chose n'était pas facile, car le pont est maintenant supprimé. Mais avec un permis du colonel français, j'ai facilement trouvé un bateau. A ma vue, le poste a pris les armes avec empressement; je dois dire d'ailleurs qu'il me les a présentées, ce dont j'ai été très-flatté. Le major prussien m'a reçu avec son air le plus rogue, — mais la guerre n'étant pas officiellement déclarée, force lui a été de me laisser passer. Quant aux soldats, je leur ai adressé un compliment sur leurs pipes en porcelaine, et volontiers ils m'eussent embrassé.

Dieu ait pitié de ces braves gens et les éloigne de nos chassepots.

Kehl, vous le savez, est loin d'être une ville fortifiée : quatre obus et un caporal en viendraient vite à bout. Les Badois ont élevé une sorte de niche à chien qu'ils décorent pompeusement du titre de fortification.

A mon grand regret, je n'ai pu me décider à m'extasier; car, de l'autre côté du Rhin, on m'avait conté une anecdote qui me rendait l'enthousiasme difficile.

Dès que la forteresse badoise fut construite, un officier français, armé d'une sarbacane, vint s'installer sur le pont, et au plus grand ébahissement des sujets du grand-duc, il se mit à lancer des pois. Le lendemain, le surlendemain même manége. Le colonel surprit un jour l'officier.

— Que diable faites-vous donc là, lieutenant ? lui dit-il.

— Mon colonel, répondit le Français, comme on dit que la guerre pourrait bien être déclarée, je prends l'avance en démolissant les fortifications de l'ennemi.

Les Badois ont ri plus fort que nous de l'aventure, — ce qui leur est facile, à cause de la structure toute particulière de leurs mâchoires.

Ce matin, à huit heures, l'alarme a été donnée, et pendant près d'une heure, l'anxiété a été grande. L'avant-garde dut se replier sur la forteresse, les artilleurs se postèrent rapidement à leurs pièces et des lanciers lancés au galop de leurs chevaux firent rentrer précipitamment les Strasbourgeois dans la ville avec ce mot :

— L'ennemi !

Heureusement ou malheureusement ce n'était qu'une fausse alarme, et le 18ᵉ de ligne dut, en maugréant, remettre les armes en faisceaux.

On affirmait que les Prussiens s'avançaient de Lawantzenau au nombre de trente mille. Voici ce qui avait donné naissance à ce bruit :

Par l'ordre du commandant de place, des lanciers avaient été postés sur toutes les routes, avec ordre de signaler le moindre mouvement. A quelque distance de Strasbourg, se trouve la ferme d'Altenheim; une escouade de nos lignards crut remarquer sur la rive opposée que l'on tentait de faire un pont de bateaux. L'alarme fut donnée aussitôt, et la troupe prit les armes.

Au moment où je termine ma lettre, un régiment passe sous mes fenêtres en chantant la *Marseillaise*. La ville entière acclame nos troupiers avec enthousiasme.

Camp du Polygone, Metz, 21 juillet.

Que faites-vous à Paris à quatre heures du matin? Moi, je suis étendu à plat ventre et j'assiste à cette chose curieuse : le réveil d'un camp. Par amour de la couleur locale, je dirais bien que je suis *sub tegmine fagi*, mais le respect de la vérité m'oblige à confesser que hêtres, chênes, peupliers, tout cela manque absolument.

Dans le principe, il était permis de s'asseoir à l'ombre, mais cela est maintenant impossible : les arbres sont aujourd'hui brûlés ; ils ont servi à faire la soupe. Les premières troupes se contentaient de couper les branches les plus proches, puis il a fallu grimper, grimper encore, grimper toujours, et comme Dumanet déchirait invariablement sa culotte, quelquefois même la peau qui était dessous, il a fini par la trouver mauvaise et même par emprunter les *zhaches* des sapeurs pour jeter bas les arbres.

Je supplie les compositeurs d'écrire *zhache*, attendu que le militaire n'admet pas d'autre prononciation. Pour avoir voulu l'autre jour me conformer au Dictionnaire de l'Académie, j'ai été pris pour un Prussien, et j'ai été obligé de faire à un sergent les plus basses excuses, qui ont fort coûté à mon orgueil littéraire.

Cette parenthèse fermée, revenons au camp. Aussi bien celui-ci ne ressemble pas au camp de Saint-Maur ou de Châlons : on sent que c'est la vraie guerre qui s'apprête et qu'on se cognera autrement qu'au Châtelet quand on jouait *les Cosaques*.

Le premier soin du soldat qui s'éveille est de prendre son café. Le café est l'ami de l'homme en général et du militaire en particulier. Quand il vient un officier supérieur, on fait le simulacre de sucrer. Un zouave étend la main — un ; si c'est un maréchal il dit deux — trois est réservé à l'Empereur — monsieur est sucré, partez muscade.— cette façon tout élémentaire de sucrer son café m'est personnellement fort désagréable.

Une fois le café pris, on songe à ses armes; les armes, c'est la grande préoccupation du soldat : on astique et réastique le chassepot, et les sabres sont soigneusement aiguisés. Le moyen que l'on emploie m'a singulièrement intrigué. La lime est l'instrument choisi. Il en résulte bien quelques petites irrégularités, mais des experts m'assurent que ça n'y fait rien.

— Pourvu que ça entre, — me dit un malin, — c'est tout ce qu'il faut, les Prussiens ne se plaindront pas.

Les malins sont la plaie d'un camp. Ce sont eux qui vous font lever le nez en l'air quand il y a un trou devant vos pieds.

— Un fauteuil d'orchestre à monsieur.

Boum, ça y est.

Le linge occupe beaucoup le soldat : il le lave d'une façon toute primitive : quelques-uns ont du savon, ceux-là sont les aristos, les peignés, les naïfs — m'assurent les anciens — ceux qui, à leur arrivée au régiment, cherchent le bâton de maréchal dans leur *commode* (prononcez *sac*).

En frottant un petit peu sur la toile, ça fait partir le plus gras, le reste rentre, et au bout d'un certain temps, il paraît que ça se tasse. Quant à faire sécher, c'est là une précaution inutile ; on enfile la chemise toute mouillée, et cela a l'énorme avantage de débarbouiller et de rafraîchir.

Ah ! dame, c'est qu'il ne faut pas venir ici pour trouver une succursale du noble faubourg ; la propreté ne brille le plus souvent que par son absence, et les officiers se montrent peu sévères. Le 3ᵉ du 4ᵉ de la 5ᵉ peut avoir un bouton de moins à ses guêtres ; l'important c'est que coco et bibi soient en état : coco c'est le chassepot, bibi la baïonnette.

Or, je puis vous affirmer que tous deux reluisent comme un bel écu de 6 livres. Un grenadier m'affirme gravement que son chassepot a des démangeaisons dans le canon.

Quânt à la baïonnette, elle a une soif ! Et dire qu'il n'y a pas là un malheureux Prussien pour lui payer un bock !

Nos hommes ont l'air d'être plongés dans un bain de poussière. Après la contredanse, au retour, il sera temps de songer à son numéro un. Alors, les hommes se cireront la moustache avec du savon noir, les barbiers de régiment ébrécheront leurs rasoirs, à force de tanner.

J'ai, une fois dans ma vie, assisté à ce spectacle, et je vous prie de croire qu'il est curieux.

Jugez-en vous-même. Seulement, faites sortir les dames.

C'était en 1866, après la dernière campagne d'Italie. Les trente mille garibaldiens, exténués par une rude guerre de trois mois dans les montagnes du Tyrol, se préparaient à revenir.

Seulement, la vie avait été dure, il avait fallu coucher sur le roc, on était exténué et une petite maîtresse eût demandé son flacon en apercevant ces têtes barbues qui s'avanç...aient.

Je vois encore la route longue de six lieues, elle conduisait de Desanzano à Salo — un nom prédestiné. Après un instant de réflexion, un colonel fit sonner ses clairons, et nos hommes, qui comprenaient à demi-mot, jetèrent bas les képis d'abord, puis leurs chemises, puis tout. Le soleil — il ne se cacha pas pour si peu — éclaira alors une scène indicible : vingt mille garibaldiens, dans le costume tout à fait primitif du père Adam, se cherchant leurs puces.

Dieu sait s'il y en avait, les montagnes du Tyrol étant habitées comme de simples paillasses parisiennes.

Nos pioupious n'ont d'ailleurs rien à envier aux garibaldiens, et je vous affirme que l'exposition des insectes qui a eu lieu à Paris, il y a quelques années, aurait trouvé ici de curieux spécimens. Le plus remarquable, m'a affirmé un zouave, est la puce d'Afrique, la puce de lion.

En correspondant consciencieux, je puis vous affirmer que cette assertion est vraie. Cela gratte, mais gratte !

Brave zouave, va, si jamais je te rencontre, je passerai de l'autre côté, cela cuit trop.

D'ailleurs, dois-je le dire ? par ce temps d'attente, ça distrait, ça fait toujours passer un moment ou deux.

Vous ne sauriez croire à quel point on est avide des distractions les plus innocentes. On se lève le matin en se disant : — Sapristi, qu'est-ce que je pourrais donc bien faire ?

Et on va à droite, puis à gauche, à la recherche d'une anecdote, d'un mot qui se présentent rarement.

C'était un malin que notre poëte qui a dit :

L'ennui naquit un jour de *l'uniformité.*

Il est de fait que tous ces *uniformes* finissent par devenir agaçants au superlatif.

Voulez-vous un exemple ?

L'un de nous a le malheur de souffrir d'une dent. Rien de plus ordinaire, n'est-ce pas ? Nous nous accrochons tous à cette dent, elle devient pour nous une planche de salut.

— Faites-vous arracher votre dent, insinue Claretie, vous nous devez bien cela.

Texier regarde le malheureux d'un œil jaloux, et Pelletan s'écrie :

— Est-il chançard, cet animal-là, il accapare tout.

Il est convenu et entendu que la molaire sera extirpée en grande pompe : nous y serons tous, cela nous distraira toujours un peu.

Pauvres nous ! on ne s'amuse pas ici !

Nancy et Metz, 22 juillet.

Je date ma lettre de Metz et de Nancy, car, fidèle au système que j'ai adopté, je me propose de ne jamais séjourner longtemps au même endroit. Ma lettre, commencée à Nancy, sera donc terminée à Metz : un seul mot peut résumer toutes mes nouvelles : rien.

Dans tous ces départements-frontières, nous avons une telle hâte de voir l'action commencée, que nous nous bornons à nous occuper de l'armée, nous nous empressons de noter sur notre carnet que le général avait l'air pensif et que le maréchal semblait radieux. Tous ces *racontars* de reporters ont bien leur utilité sans doute et je ne veux pas les négliger, mais à côté de ces détails plus ou moins sérieux, il est des questions capitales que mon devoir me pousse à ne pas négliger.

Il en est une, la plus importante peut-être de toutes, que je veux traiter dans ma lettre d'aujourd'hui. Pour parler en haute connaissance de cause, je me suis fait envoyer des notes de Strasbourg. J'ai été à Metz, Nancy, Luxembourg, j'ai parcouru toute la frontière interrogeant tout le monde.

Comment allons-nous manger ?

Il y a de Strasbourg à Metz plus de deux cent mille hommes, dix mille soldats ici, vingt mille là, et les approvisionnements n'ont pu être faits en conséquence. Sans doute, le ministère a songé à l'armée, nos places fortes ont reçu des provisions considérables, mais tout cela suffira-il ? Puis, en dehors de l'armée, il y a ici une population considérable ; de vivres point ou peu.

A Strasbourg, les habitants, depuis que l'on parle de la guerre, s'efforcent de se procurer la nourriture. De tous côtés on a fait venir bœufs, moutons, mais à l'heure qu'il est, il n'y a plus rien. Les épiciers, les bouchers, tout ce qui dans cette ville débite une marchandise pouvant servir à l'alimentation, ne peuvent plus rien fournir. Ils n'ont plus rien, et l'inquiétude est grande, car ces préparatifs formidables des deux peuples indiquent une guerre longue. Je ne sais quelle est l'opinion que vous avez à Paris; je suis venu ici avec la persuasion que dans six semaines, deux mois au plus, tout serait terminé, et maintenant je désespère de ce résultat.

L'armée, elle, croit à une guerre longue.

Je ne sais si, au point de vue militaire, nous sômmes prêts, Dieu le veuille ; mais il me semble que l'on s'est fort peu occupé de la population de nos départements-frontières.

Par où et comment faire venir des vivres ? Il y a urgence : le riz a triplé de prix, le sucre se paie 1 fr. 20 c. la livre, tous les articles de boucherie et d'épicerie augmentent chaque jour. Détails de bonne femme, dira-t-on, soit ; mais détails importants qui ne doivent, sous aucun prétexte, être négligés.

La route d'Allemagne nous est fermée ; rien ne peut venir de l'intérieur du pays, car la compagnie de l'Est peut à peine suffire à transporter les fournitures, et c'est une erreur absolue de croire qu'une fois que nos troupes auront passé la frontière, il sera possible de rendre la ligne à la circulation. Il faudra chaque jour que des convois considérables partent pour transporter des vivres à l'armée qui, se trouvant en pays ennemi, ne pourra pourvoir à sa subsistance.

Il est encore un autre point de vue non moins important, que je veux aborder aujourd'hui. Que deviendront ces milliers d'ouvriers qui vont se trouver sans ouvrage ? Je sais qu'un grand nombre rejoignent les dépôts, cela diminue sensiblement la quantité. On comptait en outre ici beaucoup d'Allemands qui ont gagné leur patrie. On a même — et avec raison — attribué en partie à cette cause la fin de la grève de Mulhouse. Mais tout cela diminue simplement le mal, et ne le conjure pas. J'ai interrogé vingt directeurs d'usines, cent commerçants, tous m'ont dit que le grand commerce était ou allait être absolument ruiné.

D'où faire venir le charbon ? La Belgique nous est interdite, Sarrebrück est prussien. On peut estimer à trente mille le nombre des ouvriers qui vont se trouver sans ouvrage

Aujourd'hui, cela marche encore : dans quelques jours tout sera arrêté, et alors que fera-t-on de tous ces hommes qui, pour la plupart, ont femme et enfants ?

Je crois que l'on ne saurait trop attirer l'attention

publique sur ce point. A Paris, vous faites des souscriptions pour donner à notre armée une preuve de sympathie ; cela est bien et tout le monde applaudit des deux mains. Mais ne pourrait-on pas également venir en aide à ces malheureux qui, pour ne pas être exposés aux armes prussiennes, n'en seront pas moins cruellement frappés ?

Je vous disais tout à l'heure que deux cent cinquante mille hommes de troupes sont réunis sur la frontière. Je sais que les lois de la guerre ont des exigences implacables, mais n'y a-t-il pas un danger et un danger sérieux ? La petite vérole sévissait cruellement par toute la France, il y a peu de jours : que deviendrions-nous si ce terrible fléau s'abattait sur nous ? Certes, notre armée est brave, elle l'a prouvé et le prouvera encore ; mais contre cet ennemi, les chassepots et les mitrailleuses ne peuvent rien.

Grâce à Dieu, jusqu'ici, la santé des troupes est excellente, mais je crois, et c'est là l'opinion de beaucoup de nos chirurgiens, qu'il y aurait un danger sérieux à prolonger cette situation. Je ne suis pas assez tacticien pour vous dire si le retard que nous apportons à commencer nos opérations militaires est habile, mais, d'accord avec nombre de médecins, j'affirme qu'il constituerait pour l'armée elle-même, pour la France tout entière, un danger réel.

Il n'y a pas que la petite vérole. Et le choléra, et les fièvres ! J'ai fait la campagne d'Italie de 1866, et je puis vous parler savamment de ces deux fléaux.

Nous savons tous que pour un homme qui meurt de blessures, il y en a dix qui sont frappés par la fièvre. Je connais l'effet produit sur le soldat par ces maladies terribles et bizarres qui vous étreignent et vous donnent le désespoir avant d'amener la mort. Cet effet est pire que celui causé par une défaite.

Ma lettre vous initie à de tristes détails; mais je crois que notre devoir est de tout voir, de tout savoir, alors qu'il s'agit du salut général.

Autant j'admets que nous devons garder le silence, lorsqu'il s'agit des opérations militaires, autant, suivant moi, nous devons parler haut sur des questions semblables.

Marchons donc en avant, non-seulement parce que le soldat est impatient de la lutte, mais parce qu'il y a danger à prolonger cette inaction.

Metz, 23 juillet.

Comme Joconde,

J'ai longtemps parcouru le monde,

et je le déclare en toute humilité, ce composé de chair, de patriotisme et de culotte rouge, que l'on nomme le soldat français, est l'être le plus étonnant qui se voit sous la calotte des cieux.

Metz compte à l'heure qu'il est près de cent mille hommes, et je ne le croirais pas si je ne l'avais vu de mes propres yeux, grenadiers, voltigeurs, fusiliers et artilleurs, chacun est muni : ils ont leurs mitrailleuses, leurs chassepots et leurs sabres ; mais ce qui est bien plus important encore, ils ont leurs payses. D'où diable peuvent sortir si à propos ces payses ; je laisse à plus malin que moi le soin de le découvrir.

La *pays* est une invention exclusivement française.

Je connais Milan et son jardin public, Florence et ses cascines, Londres, Vienne, Berlin ; partout on rencontre le soldat se promenant solitaire. Quelques-uns ont une *particulière* au bras, mais de payse jamais.

Entre la particulière et la payse, il y a la même différence qu'entre le soldat étranger et notre pioupiou.

Les auteurs se sont creusé la tête pour trouver les causes de notre supériorité militaire ; la seule, l'unique cause, c'est la payse. Détruisez la conscription si vous voulez, tout sera sauvé tant que Dumanet, avec cet air vainqueur que vous savez, pourra dire :

— Chargent, excusez si j'ai manqué à l'appel, que c'est rapport à la payse.

Il faut les voir se promener dans les rues de Metz ;

chacun a son allure : le cavalier marche pesamment le bras arrondi comme un cerceau, le fantassin glisse comme un sylphe. Qu'ils soient de Bordeaux ou de Lille, de Paris ou de Tarbes, toute femme est leur payse.

Dans cet être moitié femme, moitié nourrice, ils aiment la chose sainte : le pays. C'est la chaumière enfumée, les grands bœufs qui secouent leur tête puissante, c'est ce petit coin de terre qu'ils voient dans leurs rêves et qui parfois mouille leurs yeux.

A Paris, cela semble bête. Aux Tuileries, au Jardin des Plantes, nous avons tous rencontré Dumanet avec sa payse. L'enfant jouait à dix pas. Cela rappelait le bouillon du bourgeois et le vieux bourgogne lichés en cachette : ici cela est presque grand. Ce ne sont plus des hommes plus ou moins grossiers qui courtisent Jeanneton, ce sont les fils de la France qui vont mourir. Dans huit jours, avant peut-être, nous les verrons se jeter la baïonnette en avant sur les bataillons prussiens, maintenant ils saluent ce qu'il y a de beau et de bon, ce qui rend l'étape moins longue et le fourniment moins lourd : la femme.

Les divers camps sont remplis d'ecclésiastiques qui offrent des médailles aux soldats; presque tous refusent : que leur importe ce morceau de métal ! ils savent qu'il ne préserve ni du fer, ni du plomb. Il y a quelques instants, j'ai vu une femme, une religieuse, traverser le camp : à la main elle tenait des médailles. Pas un soldat ne refusait.

Cherchez bien, et, dans ce simple fait, vous trouverez l'homme avec tous ses instincts : sous le rude drap de l'uniforme, vous entendrez battre le cœur.

Pour eux comme pour nous, il y a l'idéal qu'ils recherchent : qu'elle ait les mains sales ou les pieds comme des battoirs, Jeannette n'en est pas moins le côté humain, bon, poétique de cette existence.

En campagne, après la bataille, c'est à elle que Dumanet écrit et, dans ces vingt lignes d'une orthographe répudiée par l'Académie, il y a plus de cœur et de sentiment que dans cent pages de ma connaissance.

Un épisode curieux de l'arrivée de la garde à Nancy. Sur le quai se trouvaient des milliers de curieux ; parmi eux on remarquait plusieurs sœurs de charité.

Lorsque les premiers wagons s'ouvrirent, une formidable acclamation retentit, puis un seul chant : la *Marseillaise*. Les soldats commencèrent. Les officiers sourirent d'abord, puis, malgré eux, leurs lèvres s'entr'ouvrirent, et ils suivirent l'élan. Les sœurs elles-mêmes ne purent longtemps résister, et toutes les bouches entonnèrent ensemble l'hymne de victoire.

On me cite un trait bien caractéristique. Dans un de nos régiments de ligne, se trouve un jeune officier qui porte l'un des plus beaux noms de France, un de ces noms cent fois acclamés sur les champs de bataille de l'Empire, M. Réné Lannes de Montebello.

Lorsque le régiment arriva à Metz, le colonel informa le jeune officier qu'il était désigné pour commander le dépôt. Le lieutenant se mit à une table et écrivit sa démission.

— Quand on a l'honneur de porter mon nom, colonel, on ne peut sans déshonneur être au dépôt, c'est sur le champ de bataille qu'est ma place, et si je ne puis y paraître comme officier, j'aurai du moins l'honneur d'y être comme soldat, car en sortant d'ici je vais m'engager.

Les soldats connaissent ces faits et ils en sont fiers; ils aiment leurs officiers et en parlant d'eux ils disent :

— C'est un crâne.

Metz, 24 juillet.

Je ne m'explique pas pourquoi le ministère de la guerre ne fait pas imprimer un recueil de toutes ces recettes qui ont cours dans les régiments. Elles se perpétuent, je le sais, mais le soldat qui arrive du dépôt a besoin de quelques mois pour se mettre au courant, tandis que quelques heures lui suffiraient.

Au moment de l'entrée en campagne, aucun de ces détails n'est inutile. On connaît l'anecdote du zouave qui, pour juger la valeur d'une armée ennemie, examinait non l'armement, mais la chaussure; nos généraux auraient fort à apprendre, s'ils venaient passer quelques heures sous la tente du soldat.

J'examinais tout à l'heure un caporal qui mettait dans son sac du fil de soie.

— A quoi diable cela peut-il servir ? me disais-je.

Le soldat surprit mon regard.

— Sans cela, me dit-il, il n'y a pas de victoire possible. Au bout d'une ou deux étapes, le pied du soldat est déchiré, il se forme des ampoules qui empêchent de mettre le pied à terre. Si vous les crevez, pendant deux ou trois jours, il vous est impossible de marcher.

— Comment faire alors?

— C'est bien simple ; vous n'avez qu'à enfiler une aiguille avec un peu de fil de soie, vous passez votre aiguille dans l'ampoule, et vous avez soin de couper le fil de soie en le laissant déborder de chaque côté : l'humeur suinte ainsi, et l'ampoule disparaît.

Tous ces détails peuvent sembler ridicules en temps de paix, ou bien à Paris; mais, pour nous qui voyons les soldats faire leurs *malles,* ils ont une importance capitale, et l'on se demande si ce n'est pas à cette connaissance approfondie des plus petites choses qu'il convient d'attribuer en partie la supériorité de notre armée.

Rappelez-vous les Anglais en Crimée. Certes, ils étaient braves, et cependant ils sentaient le découragement s'emparer d'eux; c'est qu'ils ne savaient pas se procurer les vivres nécessaires, et qu'ils se trouvaient sans défense contre ces mille et une misères qui viennent vous assaillir en campagne.

Avec des cailloux, notre soldat trouve le moyen de faire de la soupe.

Je me souviens que dans la dernière campagne d'Italie, ces pauvres Italiens, ne recevant pas de rations de vivres, se laissaient mourir de faim. J'avais avec moi un lancier français, et pas un jour je n'ai manqué de provisions.

— Pourquoi, me direz-vous, un lancier français dans le Tyrol, un pays où les chamois n'osent pas s'aventurer avant d'avoir fait leur testament?

Ceci je l'ignore.

Un jour, l'armée arriva devant un petit village; les paysans s'étaient enfuis. Les soldats fouillèrent religieusement toutes les cabanes et revinrent les mains vides.

— Nous ne mangerons pas, disaient-ils avec désespoir.

Mon lancier haussa les épaules, en sifflant l'hymne de Garibaldi.

Enfin prenant pitié de l'embarras des pauvres diables :

— Va me chercher un arrosoir, dit-il à un bersaglier.

Je me demandais quel rapport éloigné pouvait exister entre un beefsteack même sans pommes et un arrosoir.

— Arrose, continua froidement mon héros.

Le soldat obéit.

Arrivé à un certain endroit, le lancier fit un signe, creusa la terre avec une bêche, et une demi-heure après, nous mangions avec appétit un dîner que Bignon n'eût pas signé peut-être, mais qui parut exquis à nos estomacs épuisés.

Le soldat s'était simplement dit que les paysans avaient dû enfouir leurs provisions. Il suffisait d'arroser pour voir l'endroit où la terre avait été creusée.

Nos soldats ont mille trucs semblables. D'ailleurs, les officiers ne les appellent que des *débrouillards*.

Un mot superbe en terminant.

Un conscrit demandait tout à l'heure à son *chargent* :

— Pardon, mon ancien, sans vous commander, à quelle distance qu'est Berlin ?

L'homme aux chevrons réfléchit une seconde, puis répondit avec cette gravité inhérente au grade de *chargent* :

— Berlin, conscrit, c'est à trois cent cinquante mille Prussiens d'ici.

Une mesure que n'avait pas prévue le système métrique.

Metz, 25 juillet.

Rien de nouveau à signaler qu'une idée au moins bizarre du chef d'état-major. Plusieurs régiments d'infanterie et de cavalerie viennent d'arriver. Les officiers espéraient prendre quelques heures de repos, mais il en a été décidé autrement. Une *invitation* très-pressante a été adressée à chaque officier, *l'engageant* à assister le lendemain matin à la messe.

N'est-ce pas une drôle d'idée que de venir dire à tous ces hommes éreintés par une course de douze à quinze heures :

— Mes bons amis, brossez votre colback, astiquez le fourniment pour paraître dignement à la messe !

D'ailleurs, je dois le dire, avec une unanimité touchante, les trois quarts des officiers se sont empressés de rester couchés.

Je regrette pour eux qu'ils aient manqué une si belle occasion.

Nous étions là depuis quelques instants, lorsque nous voyons entrer un monsieur — monsieur est froid — un fonctionnaire revêtu d'un costume tellement extraordinaire que j'ai cru tout d'abord reconnaître Brasseur en amiral suisse. Seulement ce personnage était bien plus drôle que Brasseur. Voici son costume exact, et on peut le dire officiel : une culotte bleu clair, un habit à la française, violet par devant, rouge par derrière, un chapeau à trois cornes noir avec une plume blanche.

Dumanet commençait à le prendre pour un Prussien, lorsque le fonctionnaire montra sa canne; ce ne pouvait être un tambour-major, c'était donc le suisse.

Sac à papier! quel costume, et quel succès au Palais-Royal!

J'ai visité tous les forts qui entourent la ville; ils sont dans un excellent état de défense; vous comprendrez que je ne vous en dise pas plus long.

En causant avec le soldat, j'ai appris mille détails curieux. Je ne comprends pas, pour ma part, que les chefs ne s'efforcent pas de se mettre en communication plus directe avec les sous-officiers et soldats.

Il n'est pas un de ces hommes qui ne soit en mesure de fournir des renseignements utiles : nos troupiers, par exemple, ont conservé le schako; or, avec le chassepot, il est évident que huit fois sur dix, on tirera couché; le schako empêche absolument le soldat de s'étendre.

On vient de transmettre aux officiers le modèle d'une nouvelle capote pour faire campagne; pas un d'eux ne pourra se la procurer, car les tailleurs de régiments sont accablés de besogne.

Ces mille et un détails échappent absolument aux généraux; il serait de toute nécessité qu'ils en fussent instruits.

Encore un détail qui m'est signalé comme ayant

une importance extrême : tous les chirurgiens réclament comme indispensable l'adjonction de quelques compagnies de brancardiers pour aller ramasser les blessés. Les Prussiens, paraît-il, ont un service médical beaucoup mieux organisé que le nôtre.

Nous n'en sommes pas encore à la disette, mais si cela continue, je ne sais trop où nous en arriverons : le sel est à douze sous la livre, et on m'affirme qu'il y a des endroits où le sucre se vend quarante-huit sous la livre. Hier, un boulanger refusait de vendre du pain à des soldats, alléguant qu'il préférait le garder ; aujourd'hui enfin l'autorité a fait fermer la boutique d'un boucher qui, profitant de la rareté des vivres, rançonnait par trop ses clients. Des mesures générales ont été prises, me dit-on, pour faire cesser un état de choses qui était la conséquence de la précipitation d'une première installation.

Une anecdote pour finir. Elle ne date pas d'aujourd'hui, mais elle servira à vous montrer la supériorité de notre armée.

Dans une de nos dernières guerres, l'ennemi, désespérant de nous vaincre, eut recours à un stratagème : Tous les officiers français furent invités à un banquet et, au moment où les têtes commençaient à s'échauffer sous l'influence des vins généreux, nos soldats, privés de leurs chefs, furent brusquement assaillis.

L'indécision ne dura qu'une seconde. Le plus

ancien sergent-major prit le commandement des troupes, les sergents devinrent colonels, les caporaux capitaines, et moins d'une heure après, l'ennemi, honteusement battu, dut se replier en toute hâte..

C'est que chacun de nos soldats a pris au sérieux cette parole : que tout homme a dans son sac son bâton de maréchal de France.

Metz, 26 juillet.

Vous ne pouvez vous faire une idée de la terreur qu'inspirent ici les correspondants de journaux. Cartouche et Mandrin étaient de petits saints à côté de nous, et je connais à cette heure plus d'un Messin prêt à affirmer que Troppmann n'a été guillotiné que parce qu'il politiquait à ses heures perdues dans les *feuilles* de la capitale.

Le Messin dit feuilles.

Il y a deux jours, vous le savez, une rencontre de cavalerie a eu lieu entre Sarreguemines et Bitche : hier, trois officiers prussiens faits prisonniers ont été amenés à Metz. Une heure après, le bruit courait dans toute la ville que l'on venait d'arrêter trois journalistes. On donnait le signalement, les noms, tout enfin, et l'on espérait que justice ne tarderait pas à être faite.

Cette population, si douce à notre égard, pourrait cependant nous rendre des points. Jamais je n'ai vu volée de canards semblables à ceux que l'on rencontre dans cette contrée. Sommes-nous tranquillement en train de dîner : on nous interpelle de vingt côtés.

— Vous ne savez pas ?

— Quoi donc ?

— Une rencontre terrible à Forbach. Le maréchal Bazaine est blessé, trois mille hommes hors de combat !

Parmi nous, les naïfs — ils commencent à devenir rares — repoussent leurs potages et se précipitent vers le chemin de fer, à la rencontre d'un train qui ne part jamais.

Pour moi, je me contente de raconter en détail les nouvelles que l'on me donne en gros. Grâce à ce subterfuge indélicat, je jouis auprès de mes voisins d'une certaine considération.

La vérité vraie est qu'il n'y a rien, rien, ce qu'on appelle rien. Du côté de Forbach, on entend par-ci par-là quelques coups de fusil ; ce sont des sentinelles qui s'amusent. On vous dira peut-être que l'on a entendu le canon ; je connais même un lieutenant d'artillerie qui m'a affirmé l'avoir tiré. Rien de tout cela n'est vrai.

C'est une chose vraiment curieuse que cette facilité avec laquelle on accueille les nouvelles : on doute d'abord, puis on croit, il arrive enfin un moment où l'on a vu ; la guerre est une suite d'aventures personnelles.

Je viens de voir fabriquer le pain de munition, bon pain, que l'on laisse soigneusement refroidir avant de l'enfermer dans les caissons qui doivent le distribuer aux corps d'armée. C'est là un point capital que l'on n'observe qu'en France. Je me souviens avec épouvante de cette chose sans nom remplie de mousse horrible, que l'on distribue sous le nom de pain dans les armées étrangères. C'est la seule nourriture ; on s'en contente en fermant les yeux, puis le dégoût, la faim arrivent et l'homme est par terre.

Le mot suivant vous prouvera mieux que tous les raisonnements que Metz se trouve placé sous le même degré de latitude que la Sibérie.

— Eh bien ! mon brave, disais-je tout à l'heure à un cultivateur, voilà la guerre.

— Oh ! oui, monsieur, et ça nous fait rudement plaisir à tous.

— A la bonne heure ! je vois que vous êtes patriotes.

— Oui, nous sommes patriotes, et puis......

— Et puis, il était temps de rabattre le caquet de la Prusse.

— Oui, ça ne fait pas mal ; mais c'est pas encore ça.

— Quoi donc ?

— Voyez-vous, monsieur, nous espérons une bataille, parce que tous ces coups de canon...

— Eh bien?
— Ça fera pleuvoir.

Voilà une façon d'envisager la guerre que nos ministres n'avaient pas prévue.

Metz, 27 juillet.

Je viens d'assister au départ d'un de nos régiments. Rien de plus ordinaire pour nous, et je ne vous parlerais pas de cet événement, qui se renouvelle ici trois ou quatre fois par jour, si la confiance des officiers ne m'avait permis, de concert avec un lieutenant, de suivre de près la confection de cette chose importante, capitale, que l'on nomme la *popote*.

La popote, cela veut tout dire; cela s'applique aussi bien au lit de camp que se paient les aristos un peu naïfs qui se figurent qu'ils vont pouvoir dormir dans un lit de camp, qu'à la peau de mouton que choisissent les malins qui savent ce qu'est la guerre.

Mais par la popote, on entend surtout la cuisine. Manger en campagne, c'est une grosse affaire. Un pékin ne se figurera jamais que l'on puisse manger entre le combat du jour et celui du lendemain.

— Manger, diront-ils, quand on est rouge de sang!

Cela est très-joli, mais la vérité est que le soldat mangerait sur le champ de bataille, où d'ailleurs il ne campe jamais.

C'est que la première qualité du soldat en campagne, c'est l'égoïsme. Il apprend avec la même indifférence la mort ou la blessure de son meilleur ami.

Vous connaissez l'histoire de ce Gascon qui, en voyant un boulet emporter la tête de son compagnon, s'écrie :

— Le pauvre diable va-t-il être étonné de ne plus retrouver sa tête quand il s'éveillera.

Nos officiers, nos soldats se réservent de pleurer les morts quand la guerre sera finie, et ils ont raison, car ils ont besoin de tout leur sang-froid tant que dure la lutte.

Vous ne sauriez croire tout ce qui entre dans la popote : grils, fourneaux, batterie de cuisine complète. Les marchandes, ne pouvant appeler l'officier : ma petite, le traitaient de maréchal et tentaient de lui vendre tout à des prix fous, mais mon compagnon marchandait comme un beau diable.

— A Paris, me disait-il, je me fais voler comme dans un bois, je n'ose discuter un prix; mais ici, c'est l'argent des camarades !

Et de fait, pas une de nos commères à la halle ne s'y entend comme mon lieutenant. Seulement trop de saucissons, beaucoup trop de saucissons dans la popote. Saucisson d'Arles, saucisson de Lyon, saucisson de Bologne, mortadelle, tout cela moisira. Je sais bien qu'on a la ressource, au dernier moment, de fourrer tout dans la soupe : cela la relève.

Après la popote, la plus grosse affaire c'est le cuisinier. Avoir un bon cuisinier, tel est l'idéal de tous les bataillons de l'armée française. Et par bon cuisinier, je n'entends pas un gaillard qui a besoin de toutes ses aises devant un bon fourneau ; ce qu'il faut c'est un lapin qui en cinq minutes prépare le rôti.

Le 85e de ligne est particulièrement fier de son chef : ni pour or, ni pour argent il ne l'échangerait contre le cuisinier de Bignon. C'est un ancien maître-coq à bord de je ne sais quelle frégate.

— Un malin, m'assure-t-on, qui, avec des racines, vous fait des consommés à se lécher les lèvres pendant huit jours.

— D'ailleurs, ajoute un officier, en se redressant avec orgueil, il a fait la soupe avec du nègre.

— Comment, de la soupe avec du nègre !

— Eh oui, un jour de famine, il a imaginé un potage délicieux, exquis, une merveille, avec une tranche de Mozambique.

J'engage vivement Péters à essayer cet aliment.

A la suite de la popote viennent les caissons. Les uns portent les malles et les bagages des officiers ; les autres, et c'est de ceux-là qu'on prend le plus de soin, renferment les cartouches : chacun de ces petits caissons attelés de deux chevaux contient quatre-vingt-dix mille cartouches rangées dans des tiroirs que l'on vide successivement.

Rien n'est plus curieux que de voir, au milieu de la mêlée, les conducteurs lancer leurs chevaux à toute vitesse pour rejoindre les bataillons dont le feu faiblit faute de munitions.

Au moment où je traversais le camp, un fusilier s'approche de moi.

— Pardon, bourgeois, voulez-vous m'aider à boucler mon armoire à glace?

L'armoire à glace, c'était son sac.

Metz, 28 juillet.

Depuis hier matin, on ne peut rester une seconde en repos dans la bonne ville de Metz. Toutes les cinq minutes, un roulement de tambour se fait entendre.

— C'est l'empereur!

On se précipite à la fenêtre, rien; une compagnie passe et voilà tout. Or, dans une ville qui depuis quinze jours a vu passer je ne sais combien de milliers de fantassins, cavaliers et artilleurs, se déranger pour une compagnie, c'est dur!

Après les cent hommes de ligne, c'est un cent-garde, puis un piqueur à la livrée impériale ; on se reprécipite, et rien, toujours rien !

On ne saurait croire combien des citoyens naturellement doux et paisibles dans leurs quartiers, incapables de tuer un hanneton de leur arrondissement, deviennent sanguinaires et féroces au bout de quinze jours de cette existence. J'ai vu tout à l'heure un pauvre cheval tomber d'un coup de sang, cela m'a soulagé.

Il faut dire que la température est ici absolument ridicule : depuis trois jours un orage se prépare, de temps à autre, le tonnerre — les malins disent que c'est le canon — fait espérer une bonne ondée, puis rien encore.

Nos pioupious sont admirables ; ils se promènent avec leurs soixante livres sur l'épaule, font leurs deux étapes par jour et ne s'en portent pas plus mal. Chose étrange, avec cette agglomération, la mortalité n'a pas augmenté ; espérons cependant que l'on ne restera pas longtemps encore immobiles, et que le moment de marcher en avant est proche.

On vient de former une compagnie d'ouvriers de chemin de fer chargés pendant la campagne d'enlever et de remettre les rails, suivant les besoins de l'armée. On a placé à la tête de cette compagnie exceptionnelle, que je crois appelée à rendre de réels services, le directeur des ateliers de Montigny, M. Ditz.

Je passais hier soir près du polygone où sont campés les zouaves. J'aperçus un caporal qui s'efforçait de dissimuler sous sa veste un objet assez volumineux. Malheureusement pour le zouzou, l'objet dévoila son individualité, en faisant couac, ce ne pouvait être, — nous sommes à Metz, — un artiste de l'Opéra : c'était donc un canard.

A ce moment, le général Bourbaki qui prenait le frais, interpella le maraudeur.

— Où as-tu chapardé cela ?
— Mon général, je l'ai payé.
— Combien ?
— Mon général, une peur et une envie de courir.

Et, ce disant, le zouave prit ses jambes à son cou.

Quant à l'infortuné volatile, il garda un silence d'autant plus naturel qu'il venait d'avoir le cou tordu.

Metz, 29 juillet.

Nos troupes sont maintenant prêtes à franchir la frontière. Dix jours ont été nécessaires pour opérer cette concentration d'hommes, de chevaux, de canons, de munitions et d'approvisionnements de toute nature.

Il m'a paru curieux de rechercher et d'étudier comment s'est opéré ce mouvement. Le hasard m'a mis entre les mains des documents importants, que j'ai pu compléter dans chaque ville, et je suis en mesure aujourd'hui de vous donner l'histoire complète et détaillée du service de la compagnie de l'Est. Je pense que ce récit intéressera vos lecteurs; il me permettra en outre de rendre pleine et entière justice à tous ces employés dont l'activité et le dévouement n'auront pas médiocrement contribué à préparer la victoire.

Ce n'est que le 17 juillet que la compagnie du chemin de fer de l'Est a été mise en demeure d'avoir à transporter nos régiments sur la frontière. M. Chevandier de Valdrôme, ministre de l'intérieur et administrateur de la compagnie, est un de ceux qui, avec les principaux chefs de service, ont arrêté les mesures essentielles.

Après quelques inévitables tâtonnements, il a été décidé que la gare de l'Est serait spécialement affectée à la réception des petits détachements des troupes allant rejoindre leurs corps, etc. C'est à La Villette qu'ont été embarqués presque tous les régiments : la gare de Pantin était réservée à la cavalerie et à l'artillerie.

Cette disposition extrêmement sage eut pour résultat immédiat d'éviter, ou du moins de diminuer l'encombrement, en dirigeant les troupes sur trois points, et surtout en partageant les curieux fort nombreux en trois groupes.

Voici maintenant comment a été organisé le service. Chaque train contenait de trente-cinq à quarante wagons. Mille à onze cents hommes d'infanterie étaient embarqués dans les voitures. La cavalerie composait des trains formés de trois fourgons à bagages, trois trucs pour voitures, sept wagons à voyageurs, et une vingtaine de wagons à chevaux, présentant un effectif de deux cent cinquante hommes et de cent soixante-dix chevaux.

Les trains réservés à l'artillerie enlevaient une batterie composée de six pièces, cent hommes et les caissons. Ils se composaient de trois ou quatre fourgons, trois voitures de voyageurs, et douze wagons spéciaux contenant environ quatre-vingt-six chevaux.

Voici maintenant comment l'on procédait. Des trains de matériel vides étaient constamment rangés sur la voie, attendant les ordres de la place. Pour mettre l'infanterie en wagon (mille hommes environ), *trente* minutes suffisaient. L'artillerie (une batterie) nécessitait quarante minutes ; la cavalerie, cinquante minutes.

Il y a eu plusieurs trains spéciaux de mitrailleuses : ils se composaient de quarante-six véhicules, et exigeaient, pour être chargés, quarante-six minutes. C'est à Pantin que s'est effectué ce service.

Pour opérer le débarquement, il faut de dix-huit à vingt minutes.

Seuls, les employés du chemin de fer étaient chargés de l'embarquement ; les chefs de corps y restaient absolument étrangers. Le *remplissage* se faisait par cinq wagons à la fois. Les cavaliers n'avaient même pas à s'occuper de leurs chevaux, que des employés spéciaux casaient dans leurs compartiments.

Pour tous les hommes d'équipe, le service était de douze heures consécutives : douze heures sans prendre un moment de repos, douze heures de travail, avec cette population inquiète, ces voyageurs inexpérimentés !

Quarante employés étaient à tour de rôle de service, chargés des moindres détails, responsables des accidents et des avaries.

Toutes les cinquante minutes, un train partait; mais outre ce service régulièrement organisé, la compagnie dut, pour obéir aux ordres du ministère, expédier nombre d'autres trains.

Au milieu de cet encombrement prodigieux, des accidents graves, des erreurs de chaque instant étaient à craindre; pour diminuer le danger, la compagnie eut recours à un moyen fort ingénieux. La marche des trains fut combinée avec les vingt-cinq lettres de l'alphabet : chaque train avait sa lettre.

L'espace réglementaire entre chaque convoi étant de cinquante minutes, tous les employés sur la ligne, par la simple vue de la lettre que portait la locomotive, pouvaient reconnaitre l'ordre des trains. Pour tous les retards, accidents possibles, le télégraphe devait fonctionner.

Les trains supplémentaires portaient les mentions suivantes : *A bis, A ter*, etc.

En moyenne, on peut affirmer qu'il est parti plus de cinquante trains par jour, ce qui — dans l'espace de dix jours, — donne plus de cinq cents trains.

Pas un accident sérieux n'est arrivé. On n'a eu à déplorer que la rencontre de deux trains vides à Nansoy-le-Petit. De même, tous les soldats transportés sont arrivés à bon port; quelques-uns ont reçu des contusions par suite d'imprudence, mais il n'y a pas eu une blessure.

Pour effectuer ce travail difficile, qui, je puis l'assurer, excite l'admiration de toutes les autres compagnies de chemins de fer, on a employé deux mille voitures de la compagnie et cinq cents wagons d'autres lignes. Afin d'être prêts à satisfaire toutes les exigences du service, on avait disposé un grand nombre de wagons de marchandises pouvant contenir quarante soldats chacun, mais il n'y a pas eu besoin de s'en servir, les seules voitures de voyageurs ont été utilisées.

Pour assurer la sécurité des trains, la compagnie avait doublé le nombre des garde-ligne tout le long de la voie, de façon à ce qu'ils pussent communiquer entre eux aux abords de toutes les courbes et des tunnels.

Dès le 17, à cinq heures du soir, les trains de grande et de petite vitesse avaient été supprimés, sauf les convois portant des denrées alimentaires.

Chose incroyable! et que je ne rapporte ici que parce que j'en ai la preuve absolue, le nombre des employés n'a pas été augmenté; c'est le personnel habituel qui a tout ordonné, tout conduit. Souhaitons que ce dévouement et cette activité soient récompensés comme ils le méritent.

Il est de mon devoir de signaler ceux des chefs qui ont fait plus que leur devoir. Après une bataille, on porte à l'ordre du jour le nom des soldats qui se sont distingués. En première ligne, je dois citer M. Binard, chef de gare à Pantin, M. Cellier, chef de la gare de Paris, et M. Lecureux, chef de la gare de La Villette. Je puis, sans indiscrétion, ajouter que ces deux derniers sont portés pour la croix ; c'est là une distinction méritée, à laquelle applaudiront tous ceux qui connaissent les travaux surhumains qui viennent d'être accomplis. Mentionnons encore les inspecteurs : MM. Coqueron et Escal, que le maréchal Lebœuf a spécialement attachés à sa personne et qu'il a vingt fois félicités de leur intelligence et de leur activité.

En terminant, qu'il me soit permis de faire une objection, la seule qu'il soit possible d'adresser à la compagnie. L'avis des hommes spéciaux est qu'on a eu le tort de tout concentrer à la gare de l'Est, en négligeant presque absolument de se servir de la ligne de ceinture ; il y avait là un moyen bien simple d'éviter l'encombrement. D'ailleurs, cette erreur, maintenant reconnue, n'a porté préjudice qu'à la ligne de l'Est, qui a vu ainsi son service doublé ou triplé. Peut-être enfin convient-il de faire peser sur d'autres que sur elle un oubli qui peut ne pas provenir de son fait.

Un mot encore. Beaucoup de personnes croient que la compagnie de l'Est va, grâce à ces transports, gagner des sommes considérables; c'est là une erreur. Il y aura plutôt perte que bénéfice, et cependant la compagnie a pris pour le transport militaire la moitié du tarif général au lieu du quart qui lui est alloué habituellement.

CHAPITRE II

AUX AVANT-POSTES — FORBACH — LA BRÊME-D'OR
SPIKEREN — STYRING

Forbach, 30 juillet.

De Metz à Forbach, la route n'est pas longue, seize à dix-sept lieues environ, mais le train qui doit partir à cinq heures n'est pas encore prêt à huit.

Rien n'est plus émouvant que cette nuit noire : de distance en distance, on entrevoit des tentes blanches, on entend une sonnerie de clairon, puis un bruit de sabre traînant sur la pierre.

Partout, on veille attentif, anxieux. C'est que la frontière est là; l'ennemi se trouve à quelques centaines de mètres : ses vedettes se promenent le pistolet au poing. De temps à autre, un coup de feu. C'est quelque soldat qui brûle une cartouche inutile, un choriste qui part trop tôt dans ce chœur immense de cinquante mille bouches de fer.

Le train avance lentement ; il semble qu'il craigne quelque chose. On éprouve un frisson involontaire : s'il allait surgir à chacune des portières une tête de uhlan, avec les grandes moustaches et les yeux bleu sombre. Un, deux, six, peu importe, nous avons nos revolvers, mais une escouade !... A chaque instant, la frontière est franchie par des patrouilles ; les uns veulent couper les fils télégraphiques, les autres enlever les rails : le plus souvent il ne s'agit que de soustraire la caisse des douaniers.

C'est le vaudeville avant le drame.

Tout cela se glisse, rampe dans l'ombre comme des serpents. Pour les fantassins, la chose est facile ; mais la cavalerie. à chaque pas, se croit surprise : le sabre de la main droite, le pistolet de la main gauche, la bride aux dents, elle scrute dans la nuit, fouillant de l'œil les bois sombres et les collines.

Parfois deux patrouilles se rencontrent, alors ces deux ennemies se précipitent l'une sur l'autre, comme des fauves. Il s'agit bien, ma foi, du fameux :

— Tirez les premiers.

Il faut tuer vite, puis fuir.

Nous arrivons à Forbach. Notre premier soin est de demander une chambre.

— Une chambre !

Et un rire général accueille notre demande. Nous comprenons que le moment d'être difficile n'est pas arrivé.

Enfin, après beaucoup de pourparlers, on nous offre..... un parc à moutons.

L'idée de passer la nuit avec ces intéressants animaux, que, personnellement, je n'estime que comme côtelettes, me sourit peu.

— Oh! soyez tranquille, me dit-on, les moutons n'y sont plus : il y a longtemps qu'ils sont mangés.

Je néglige de verser un pleur sur les pauvres bêtes : un peu plus tôt ou un peu plus tard, ne faut-il pas que nous soyons tous... mangés.

Le parc est vaste : trois douzaines de dormeurs y tiendraient à l'aise, seulement ils ne dormiraient pas. Les moutons n'y sont plus; mais ils ont laissé un souvenir cuisant et odorant dont je garderai longtemps la mémoire.

Peu ou pas de nouvelles ici : on sent vaguement qu'il va y avoir quelque chose, mais peut-être ne convient-il pas d'accorder une grande créance à cette impression. Toutes les fois que le soldat se trouve peu éloigné de l'ennemi, il est persuadé que l'on va se battre. Cette incertitude est bien faite d'ailleurs pour énerver. Joignez à cela un temps lourd, orageux, le tonnerre qui gronde à chaque instant, comme pour jouir de son reste, sûr qu'il est d'être détrôné par l'artillerie, et vous aurez une idée exacte de cette excitation fébrile, presque maladive, qui saisit le soldat.

Le plus brave lui-même n'échappe pas à cette influence : rien de plus terrible que le sort de cette sentinelle perdue qui, dans le lointain, voit luire le feu de l'ennemi. Le moindre souffle de vent dans les branches la fait tressaillir et l'épouvante ; mieux vaut la mêlée en plein jour : si l'on tombe, du moins c'est devant les camarades.

Quelques petits faits sans grande importance : plusieurs soldats ont été blessés par les Prussiens, mais, à notre tour, nous avons mis hors de combat sept ou huit uhlans. Un officier du 67ᵉ a, d'un coup de chassepot, jeté bas un Prussien à 1,200 mètres environ.

La Brême-d'Or, 30 juillet.

Je continue ma lettre dans un petit village qui sépare la France de la Prusse. Notez qu'en disant village j'exagère, car l'association de trois maisons, une borne kilométrique et deux poteaux ne peuvent avoir la prétention de représenter un village.

L'ennemi est à cinq cents mètres de nous qui s'efforce de nous atteindre, ce dont nous nous moquons, à l'abri des bonnes murailles d'un cabaret ; car ce village de trois maisons possède un cabaret où l'on savoure toutes les douceurs d'un kouetch national composé de prunes de mirabelle, de kirsch et d'eau-de-vie. Dans ce cabaret, pas une vitre ; les balles prussiennes ont donné de la besogne aux vitriers; les persiennes même sont quelque peu détériorées. A vingt pas de nous, deux poteaux, l'un portant ces mots : *Département de Trèves, arrondissement de Sarrebrück; route pour aller à l'octroi du bureau de deuxième classe de Kolsterhohe;* l'autre est surmonté de l'aigle royale de Prusse, avec ces deux initiales V. L. Nous sommes deux journalistes ici; une folle envie nous prend de faire une niche à Sa Majesté Prussienne. Sans souci des vedettes ennemies, nous allons dessiner deux cartes cornées avec nos noms sur le poteau royal, puis nous regagnons, tout fiers de notre exploit, l'abri hospitalier de la Brême-d'Or.

Les braves gens qui tiennent ce cabaret sont médiocrement rassurés, car la nuit les grand'gardes se replient à cinq cents mètres plus loin, et les sujets de Sa Majesté Guillaume ne se font pas faute de pousser des reconnaissances jusqu'à nos avant-postes. Rendons à nos ennemis cette justice, qu'ils montrent une hardiesse peu commune. La nuit ils se glissent hors de leur campement et viennent jusqu'à nous. Tous nos officiers sont unanimes pour reconnaître cette bravoure.

Nos soldats, d'ailleurs, ne le cèdent en rien aux Prussiens; à chaque instant, nos francs-tireurs, choisis avec soin parmi les meilleurs troupiers de chaque régiment, vont inquiéter l'ennemi : rien n'est plus curieux que de voir ces intrépides éclaireurs s'avancer, profitant des moindres accidents. Tous les matins ils saluent les Prussiens d'une centaine de coups de fusil, toutes les nuits ils partent en reconnaissance. Parfois, ils s'arrêtent à peu de distance, le plus souvent ils vont à deux, trois et quatre kilomètres. Leur confiance n'a d'égale que leur bravoure.

Il faut, pour être juste, reconnaître d'ailleurs que tous nos soldats font preuve d'une audace semblable : je vous disais que l'auberge de la *Brême-d'Or* est à cinq cents mètres des vedettes prussiennes que nous voyons se promener immobiles, le fusil à la main. Les uhlans, perchés sur leurs grands chevaux avec leurs longues lances, semblent des fantômes. A la porte même de l'auberge, un petit chemin tortueux, semé de cailloux, va jusqu'à la forêt où se trouvent les Prussiens. Trois chasseurs à cheval, sentinelles avancées, parcourent constamment cette route. Le premier de ces chasseurs ne s'écarte guère de l'auberge, le second est au milieu de la route, c'est-à-dire à trois cents mètres; mais le troisième se trouve à soixante pas tout au plus des uhlans.

Rien de plus émouvant que de voir cette sentinelle. Le cheval se cabre et redresse fièrement la tête : il s'avance à quarante mètres de l'ennemi, puis les deux cavaliers font volte-face; pas un d'eux ne retourne la tête : il semble qu'ils aient un égal mépris de la mort.

On croirait que, pour cette corvée dangereuse, il est difficile de trouver des hommes déterminés. Le lieutenant des chasseurs qui commande le poste me disait ce matin qu'il était obligé d'intervenir, tous ses cavaliers voulant être à la fois de corvée. En outre, ces braves trouvent que le service n'est pas assez long ; au lieu de deux heures de promenade ils en réclament quatre.

Vous représentez-vous la position de cet homme qui s'avance seul, lorsqu'il sait que mille carabines menacent sa poitrine ? Il ne prend ni le trot, ni le galop ; il marche doucement, posément.

J'ai causé avec vingt de ces héroïques et obscurs soldats : ce qui m'a le plus frappé, c'est l'amour profond qu'ils portent à leurs chevaux ; avant de songer à eux, ils s'occupent de leurs arabes, dont ils sont fiers.

Ce qu'ils font pendant ces longues heures de faction, je vais vous le dire : ils étudient minutieusement le terrain ; pas un pli, pas un accident ne leur échappe ; ils pourraient dire le nombre d'arbres qu'il y a à droite ou à gauche. De la sorte aucun mouvement ne peut les trouver en défaut.

La nuit, ils se replient au centre du corps d'observation, et sont remplacés par l'infanterie : C'est là une mesure fort sage ; un cavalier peut facilement être enlevé ; son cheval en hennissant indique la place où il se trouve. Puis, cheval et cavalier offrent à la balle un but certain, tandis que le fantassin, étendu dans un fossé, est à l'abri de toute surprise.

A chaque instant, des reconnaissances vont relever les mouvements de l'ennemi. D'après les nouvelles qui me parviennent cette nuit, les Prussiens auraient reculé leurs avant-postes. Personne ne comprend rien à ce mouvement; quelques-uns prétendent que l'ennemi se trouve en trop petit nombre pour risquer une affaire importante, mais je vois les officiers supérieurs hocher la tête : cette prudence exagérée leur indique plutôt que les Prussiens désirent lasser nos soldats et les pousser à quelque imprudence.

Spikeren, 31 juillet.

A dix pas de l'endroit où je m'arrête pour vous adresser quelques lignes, le dernier poste est étendu sur l'herbe, et une sentinelle perdue, quelques mètres en avant, demeure immobile appuyée sur son fusil. La maison que j'occupe est celle du receveur des douanes : elle a été évacuée par ordre supérieur. C'est peut-être le seul exemple que l'on puisse citer : partout le paysan reste chez lui; à un kilomètre de l'armée ennemie, il semble ignorer que la guerre est déclarée. Personne n'a peur, personne ne songe à fuir : les femmes travaillent aux champs, les enfants jouent dans le camp.

Ce n'est pas la première fois que je fais campagne, mais ce spectacle est pour moi tout nouveau; les

Italiens se sauvaient à l'approche des Autrichiens ; nos paysans ne s'occupent pas de si minces détails, et Dieu sait pourtant si les Prussiens ont la réputation d'être de petits agneaux !

Sous mes yeux s'étend un vrai paysage d'opéra-comique ; à ma gauche, les bois de Schakenthal ; à droite, en avant, en arrière, des prés immenses, qui montent et descendent. Il me manque le tic tac harmonieux d'un moulin.

A 1,000 ou 1,500 mètres, Sarrebrück s'étend derrière une forêt. Sa première maison a servi de cible à notre artillerie, il y a deux jours, trois obus ont porté, et, avec la lorgnette, je puis voir sur le mur les ravages produits. Des femmes s'occupent aux travaux des champs, de grands bœufs traversent la plaine. Je m'attends à voir Capoul ou Montaubry paraître en culotte vert tendre pour nous conter les rigueurs de sa bergère....

Pif, paf, paf.

Qu'est cela ? Ce sont des balles qui sifflent à droite et à gauche, balles le plus souvent inoffensives. J'interrogeai un soldat que je voyais tirailler avec fureur.

— Que diable avez-vous donc ? lui dis-je.

— C'est en guise d'absinthe.

Et il envoya à l'ennemi un coup de fusil probablement aussi inoffensif que les autres.

Je n'ai jamais aussi bien qu'aujourd'hui compris cet axiome militaire : « Pour tuer un homme, il faut son poids en plomb. »

Les Prussiens sont cachés sur la gauche dans un bois touffu qui s'étend jusqu'à Sarrebrück et qui touche notre frontière; combien sont-ils? Nul ne le sait. Tout porte à croire cependant que leur nombre n'est pas très-considérable.

Une preuve que l'on en cite est la présence continuelle de ce uhlan qui, monté sur un cheval blanc, se promène impassible à cinq cents mètres de nos avant-postes. Je l'ai aperçu ce matin sans le secours de la lorgnette, il paraissait arriver droit sur nous. Son cheval marchait au pas, tranquille comme à la parade, tandis qu'à quelque distance les coups de feu pétillaient sur toute la ligne. Nos soldats, bons appréciateurs de la bravoure, admirent fort le courage de ce uhlan, qui a aujourd'hui gagné une sorte d'impunité : on ne tire plus sur lui.

Il y a deux jours, le général qui commande ici voulut donner à ses troupes une petite distraction : il fit placer six pièces en batterie sur la hauteur et envoya quelques boulets. Une escouade de cinquante chasseurs à cheval fut envoyée en avant. On espérait qu'un bataillon sortirait de ce bois prussien et servirait de cible à nos artilleurs.

Les Prussiens se contentèrent de déployer la ligne de leurs tirailleurs : un chasseur fut tué.

Il est impossible de connaitre, même approximativement, les pertes de l'ennemi, car nos hommes sont obligés de tirer au hasard dans le bois, et nul ne peut savoir de notre côté si le coup a porté.

Là où je suis, à cent mètres des vedettes, nous voyons nos francs-tireurs dans la plaine. Ils descendent de nos avant-postes, se cachent, bondissent et rampent, profitant des moindres accidents du terrain. A quatre cents mètres du bois, ils s'arrêtent. Chacun d'eux est porteur d'une meule de paille de petite dimension, soigneusement bottelée. Ils la déposent à terre, se couchent derrière et tirent chaque fois qu'ils voient remuer dans les arbres.

C'est la chasse à l'homme : quelques cents pas plus loin, on croirait que ces soldats sont d'honnêtes chasseurs qui tirent le lapin.

Nos sentinelles cachées derrière des troncs d'arbres se tiennent immobiles. De temps à autre, on voit un homme se détacher, mettre en joue, puis on entend un coup de feu : c'est un Prussien qui s'avançait en rampant.

Pendant deux heures aujourd'hui, la fusillade n'a pas cessé. Quelquefois c'était un feu de peloton, le plus souvent une seule balle sortait de nos fusils ; rien de mystérieux et de terrible comme ce grand bois noir qui semble une tache d'encre au milieu du jaune des épis ; ce silence est plus épouvantable que la mêlée. Qu'attendent-ils donc pour répondre à nos chassepots ?

Le soir, la scène devient plus émouvante encore, les arbres de la forêt paraissent marcher, et sur la terre naguère éclairée par un gai soleil, il semble que l'on voit des êtres humains ramper. Le bruit de la fusillade devient alors sinistre ; impossible de porter secours au malheureux qu'une balle a atteint : il faut attendre le jour, car dans ce pays accidenté, chaque butte de terre peut cacher un danger.

Le général a attaché à sa personne un douanier, qui nous rend les plus grands services. Ce brave, nommé Gélot, connaît les moindres bouquets d'arbres, pas une touffe d'herbe, pas une pierre ne peut lui échapper : aussi prend-il à toutes nos reconnaissances une part active.

Souhaitons que cette petite guerre fasse place bientôt à une lutte plus sérieuse, et que cette fusillade, au bout du compte assez inoffensive, soit remplacée par le canon.

Je termine ma lettre pour retourner aux avant-postes, où je compte passer une partie de la nuit avec nos soldats. Il est possible que les Prussiens, qui depuis deux jours ne donnent pas signe de vie, se décident à repousser nos avant-postes, et je veux assister à la lutte, si elle a lieu.

Styring, 1er août.

Styring, d'où je vous écris, est une usine considérable située à mille mètres au plus de la frontière. Rien de plus piquant que ce contraste. les cheminées fumant et les coups de fusil retentissant dans la plaine.

A la voir, cette plaine si tranquille, si fleurie, on ne pourrait se douter que de chaque côté, des ennemis acharnés se guettent pour s'envoyer la mort. De temps à autre, une petite fumée blanchâtre s'élève en colonne, puis on entend une détonation.

Nos soldats, nos officiers eux-mêmes commencent à s'effrayer de cette inaction et de ce silence plus effrayant que la mêlée, il semble que l'on redoute un piége de l'ennemi.

Ici les détails abondent, détails peu importants, sans doute, mais qui, à l'entrée de la campagne, ne laissent pas que d'intéresser.

Il y a deux jours, pendant la nuit, une compagnie prussienne s'est avancée sur nos avant-postes. Un de nos officiers avait vu le mouvement. Ses hommes prirent rapidement leurs fusils, puis ils se répandirent en tirailleurs autour de la compagnie qui s'avançait toujours, se croyant sûre de l'impunité. Peu à peu le cercle se rétrécit, déjà les extrémités allaient se rejoindre lorsqu'un caporal français, comprenant mal l'ordre qui lui avait été donné, fit feu. Sa balle alla frapper un Prussien, mais l'éveil était donné, l'ennemi se fraya un chemin en perçant notre ligne, et se retira poursuivi par les coups de feu. Deux ou trois cadavres restèrent étendus sur le terrain.

Un officier me racontait cette anecdote ce matin,

et armés de nos lorgnettes, nous cherchions tous deux à reconnaître la place où s'était livré ce petit engagement, lorsqu'un frisson nous saisit ; près de la chaussée du chemin de fer, à cinq cents mètres de nous environ, au milieu d'une prairie, nous voyions des points noirs.

Nous nous demandions ce que ce pouvait être, lorsqu'un coup de feu retentit ; ces points noirs disparurent, et dans l'air nous aperçûmes une volée de corbeaux.

Les trois Prussiens étaient encore là, étendus, déchirés, leurs camarades n'avaient pas osé venir les relever, car quitter leur position, c'était s'exposer à une mort presque certaine.

Pour empêcher tout mouvement de l'ennemi, nos officiers restent couchés à terre ; leur œil se trouve à la hauteur des blés ; tout ce qui dépasse est salué d'un coup de feu.

C'est que dans cette guerre d'embuscades et de ruses, les deux camps emploient tous les stratagèmes des Arabes. Regarde-t-on la plaine, on est tout surpris de voir une meule de foin, là où quelques instants avant il n'y avait rien. Il serait malsain de prolonger son examen, car malgré son air honnête et candide, cette botte de foin cache un ennemi qui saisira la première occasion de brûler une cartouche.

Le service des grand'gardes dure vingt-quatre heures consécutives ; pendant ce temps, les soldats ne peuvent prendre une seconde de repos. Sur soixante hommes — effectif moyen d'une compagnie en ce moment — dix-huit sont détachés comme sentinelles, les autres sont distribués en petits postes de trois hommes placés à côté des factionnaires. Les officiers se promènent le long des sentinelles, afin de s'assurer que tout le monde veille.

Les Prussiens continuent à se montrer d'une impudence peu commune; cette nuit même, quatre uhlans sont venus à cinquante pas de nos avant-postes sans être aperçus; lorsque l'alarme a été donnée, il était trop tard pour les atteindre.

Comme bien on le pense, les nôtres ne se privent pas d'aller rôder sur le territoire prussien. Je viens de serrer la main d'un lieutenant qui cette nuit même a fait quatre kilomètres du côté de Sarrebrück, avec douze hommes déployés en tirailleurs.

Comme j'applaudissais au récit de cet acte de bravoure :

— Que voulez-vous, me dit-il, ça repose des corvées !

Une manière de se reposer toute nouvelle.

Je vous parlais tout à l'heure de l'usine de Styring; en temps ordinaire, il y a là deux mille cinq cents ouvriers; dans ce moment, cinq cents seulement travaillent à fabriquer des rails ; le coke manque, et l on ne peut espérer de voir le travail reprendre, à moins qu'un coup de main ne soit tenté sur Sarrebrück, ce qui est ici souhaité par tout le monde.

Les wagons-ambulances destinés à recevoir les blessés viennent d'arriver à Forbach.

Un mot pour finir : il a sur tous les autres du même genre l'avantage immense d'être absolument authentique. Je l'ai entendu.

Pour varier la soupe du soldat, qui n'est pas toujours excellente, on fait en sorte de joindre quelques pommes de terre ou haricots au contenu de la marmite.

Ce matin, un lieutenant montra à l'un de ses hommes un superbe jardin où se prélassaient des petits pois. Malheureusement ce jardin se trouvait situé à trois cents mètres des Prussiens. Mon lignard ne se fit pas répéter deux fois l'avertissement, il disparut en rampant. Un quart d'heure, une demi-heure se passèrent, le soldat ne revenait pas, et l'inquiétude commençait à s'emparer de nous, lorsque notre pioupiou fit une entrée triomphale.

— Que diable as-tu donc fait ? gronda l'officier.

— Je vas vous dire, mon lieutenant, j'ai les petits pois ; seulement, afin qu'ils soient plus tôt prêts pour la soupe, je les ai écossés là-bas.

Là-bas, c'était sous le feu de l'ennemi.

En toute conscience, je puis vous affirmer que la soupe aux petits pois était excellente.

Paris, 3 août.

En vous adressant mes deux dernières lettres de Forbach et de la Brême-d'Or, je pensais bien que nous ne pouvions rester plus longtemps l'arme au pied et que l'action ne tarderait pas à s'engager de ce côté.

Le 30 juillet, je vous écrivais : « Hier on a envoyé quelques obus à l'ennemi ; ces obus, assure-t-on, sont tombés jusque dans Sarrebrück, qui se trouve à cinq ou six kilomètres. »

Et j'ajoutais plus bas : « Peut-être cela nous annonce-t-il la lutte. » C'est que la prise de Sarrebrück était pour nous une chose forcée. Sarrebrück, c'est la Saar avec son charbon, après lequel soupirent tous nos usiniers de l'Est, qui ne savent plus comment nourrir leurs ouvriers. Trente mille de ces malheureux se trouvent sans ouvrage, de Bettembourg, village qui nous sépare du Luxembourg, à Sarreguemines et à Bitche.

Il était donc urgent de se procurer du charbon : la prise de Sarrebrück était le seul moyen. C'était là une nécessité d'autant plus urgente que sur ces trente mille ouvriers, quinze mille au moins sont Prussiens. La misère devait fatalement faire de ces hommes des pillards dangereux pour le département de la Moselle, dangereux pour notre armée même, sûre d'être suivie de tous ces maraudeurs.

L'attaque dirigée sur Sarrebrück était commandée

par les événements ; le jour de mon départ, des wagons-ambulances étaient arrivés ; espérons qu'ils n'auront que peu servi — et, fait plus significatif encore, des pontons avaient été rangés le long du quai de la gare.

Il convient donc — en attendant des renseignements officiels — de ne pas attacher une grande importance, au point de vue militaire du moins, à la possession de cette ville. Nous ne pouvons songer à nous maintenir dans Sarrebrück qui n'est pas fortifiée.

Restent deux hypothèses : ou bien, nous nous sommes emparés de la place, en convoitant les charbonnages de la Saar, ou bien nous avons commencé un mouvement en avant. Il ne m'appartient pas d'examiner laquelle de ces deux hypothèses est la plus probable.

Il est certain que les Prussiens s'attendaient à cette attaque, tellement indiquée d'ailleurs, qu'il y a huit jours le bruit courait que les Français s'étaient emparés de la ville. On m'a même affirmé que plusieurs industriels étaient venus à Metz trouver l'Empereur pour le supplier de commencer l'attaque de ce côté.

La résistance n'a pas dû être sérieuse, car les Prussiens se retiraient chaque jour et ne faisaient aucun préparatif de défense ; je puis d'autant mieux vous renseigner à cet égard que, des avant-postes où je passais mes journées, j'apercevais les premières maisons de Sarrebrück.

De Styring et de Spikeren où se trouvaient nos avant-postes, la distance pour arriver à Sarrebrück est, à vol d'oiseau, de cinq kilomètres. Nos troupes ont dû franchir cet espace au pas de course. La plaine est unie presque jusqu'aux portes de la ville; les hauteurs mentionnées dans la dépêche ne se trouvent qu'à quelques cents mètres ; c'est sur ce point seulement que les Prussiens ont pu résister.

Quant à l'artillerie, son rôle a dû être très-important. Il est probable cependant qu'elle n'a pas suivi nos troupes d'attaque et qu'elle a dû se borner à envoyer des boulets et quelques volées de mitraille sur l'ennemi.

A vrai dire, et selon toute probabilité, car je le répète, il est impossible de rien affirmer, ce combat est au point de vue militaire d'une importance absolument secondaire ; il n'indique pas une entrée en campagne, car s'il peut avoir cette signification, il peut aussi, — comme je vous le disais plus haut, — n'avoir été amené que par le désir de posséder Sarrebrück.

Comment les Prussiens n'ont-il pas défendu plus sérieusement une ville qui a pour nous une importance aussi grande (les charbonnages de la Saar sont estimés de 5 à 600 millions) ?

Je ne puis le dire.

On ne nous dit pas encore quelles sont les troupes qui ont pris part au combat, mais les 8e, 66e, 67e de ligne et 12e bataillon de chasseurs à pied ne sont sans doute pas restés inactifs. J'ai passé plus d'une heure couché dans l'herbe avec les grand'gardes de ces braves régiments, à cinq cents mètres des fusils prussiens; aussi j'applaudis des deux mains à ce combat qui ouvre la campagne par un succès, quelque léger qu'il soit.

CHAPITRE III

LA BATAILLE DE FORBACH

Sarreguemines, 5 août.

Je viens de visiter Forbach, Spikeren et le champ de bataille. Nôs troupes campent sur le champ de manœuvre et menacent la ville de ce côté ; tout est calme, paisible ; on ne se douterait guère qu'il y a deux jours, nos mitrailleuses accomplissaient dans ce champ leur besogne.

Le bruit court que l'ordre est venu d'opérer du côté de Sarrelouis une marche en avant, analogue à celle qui nous a conduits aux portes de Sarrebrück. Je ne puis savoir ce qu'il y a d'exact dans cette nouvelle ; j'ai parcouru tout le pays de Metz à Forbach, en visitant Saint-Avold, Hombourg ; partout de grands mouvements indiquent une action prochaine et importante.

N'oublions pas, d'ailleurs, que c'est demain la

Saint-Guillaume. Quelques officiers prétendent que les Prussiens ont l'intention de donner à leur souverain une victoire pour sa fête. En attendant, pas une escarmouche, pas un coup de fusil. Un étranger, qui arriverait dans le pays, ignorant la déclaration de guerre, croirait, à voir cette tranquillité, que les deux nations n'ont jamais été plus amies. Les femmes travaillent aux champs, tandis qu'à portée de pistolet l'ennemi veille.

La nuit seulement on prend quelques précautions à cause des maraudeurs. Il est facile de traverser la Saär en bateau et de venir piller; mais en général tout se borne à quelques rails enlevés et à un ou deux poteaux de télégraphe renversés.

Il ne faudrait pas se fier à ce calme, à cette tranquillité. Pour qui sait observer, il est évident qu'un grand coup se prépare.

Je pourrais multiplier les preuves à l'appui de mon dire, mais je crois la chose inutile; il est probable, d'ailleurs, s'il y a bataille, que cette lettre ne vous parviendra qu'après l'action. J'ajouterai seulement que le maréchal Lebœuf vient de quitter Metz deux nuits de suite, et que l'on annonce ici mystérieusement l'arrivée de l'Empereur.

Bataille de Forbach

Sarreguemines et Neunkirchen, 6 août.

Toute la nuit les régiments sont arrivés : cavalerie, infanterie, artillerie débouchaient au grand galop sur le pavé de Sarreguemines, empêchant ses braves habitants de dormir.

Il est pour moi de la dernière évidence que nous allons sortir de cette inaction d'autant plus dangereuse que le soldat ne se gêne pas pour murmurer et accuser ses généraux.

Nos troupes traversent le pont de pierre jeté sur la Saar et se forment sur la grande route.

L'allégresse est générale ; on va donc enfin voir l'ennemi ! Il faut dire qu'un mouvement est devenu nécessaire. Les Prussiens sont en ce moment d'une insolence inouïe. Il y a moins d'une heure, je causais avec un curé qui me disait que le village de Blœrsguersvinler qu'il habite, avait été, cette nuit même, pris par l'ennemi, qui avait tout saccagé.

Nos tirailleurs s'étendent dans la plaine, battant les buissons, scrutant les bois, cherchant à se rendre compte de la position de l'ennemi. Soudain le mouvement est arrêté. Au moment où nous nous préparons à marcher en avant pour prendre sérieusement l'offensive, deux aides de camp parcourent la route au galop et annoncent que les Prussiens que nous voulions surprendre marchent sur nous en toute hâte.

Les tirailleurs sont rappelés en toute hâte, des estafettes partent pour ramener ces braves gens qui ne comprennent rien à ce malencontreux contre-ordre. Les bruits les plus alarmants commencent à circuler. Aussi je ferme l'oreille à ces rumeurs et je me borne à vous rapporter ce que je vois, à mentionner les incidents qui se passent sous mes yeux. Quant aux nouvelles qui me viennent de sources étrangères, je ne les mentionne que sous une forme absolument dubitative.

L'ordre est donné de rebrousser chemin; notre colonne, qui, depuis la veille, avait passé la Saar, rentre dans Sarreguemines. Le train et les équipages militaires reviennent au galop avec leurs bagages et leurs provisions de biscuit.

Sur la gauche se trouve Neunkirchen : nos avant-postes ne dépassent pas ce point; en un instant les sapeurs du génie jettent bas quelques arbres mis en travers de la route : la barricade est peu formidable, il est vrai; mais derrière sont les chassepots. En outre, deux charrettes se trouvent là pour faire l'appoint. Nos chasseurs se glissent dans le feuillage. Tout le long de la ligne, sur un espace de près de deux kilomètres, des soldats sont couchés dans les fossés qui bordent la route, en avant d'un village nommé Bliesbersing. Le 8e chasseurs à cheval envoie quelques hommes faire des reconnaissances.

Voici les ordres donnés : les cavaliers doivent se replier à la première alerte en dégageant la route, de façon à permettre à nos chassepots de balayer la route. Si l'attaque est peu importante, nos lignards doivent tenir, quelques minutes suffisant à les soutenir; si, au contraire, le corps d'armée ennemi marche sur nous flanqué de ses éclaireurs, ordre est donné de se replier au pas de course à un kilomètre plus loin.

Sarreguemines n'a pas de fortifications, mais les poitrines françaises suffiront à défendre la ville; nos généraux paraissent tranquilles, et nos soldats se frottent les mains.

L'incertitude qui pèse sur nous dure environ deux heures; de temps à autre un coup de feu retentit; mais nous n'avons pas d'alarmes sérieuses.

Dernière heure. — Au moment où je me vois forcé de fermer ma lettre pour l'expédier à la poste, à six kilomètres d'ici, nous entendons une vive fusillade du côté de Grosbliederstroff, petit village situé non loin de Forbach et de Sarreguemines. Du point où nous sommes, nous ne pouvons juger de rien.

Grosbliederstroff, 6 août, 3 heures 30.

Le banc sur lequel je vous écris, en compagnie de d'Aunay du *Figaro*, et Jezierski de l'*Opinion nationale*, se trouve dans une modeste auberge située à mi-chemin de Sarreguemines et de Forbach. A Sarreguemines, on attendait depuis hier une attaque, et ce n'est qu'à une heure environ que l'on a entendu le canon dans la direction de Forbach. Il devenait dès lors évident pour nous que l'ennemi, trompant nos avant-postes, faisait route forcée sur la gauche, tandis que son artillerie attaquait notre corps d'armée devant Sarrebrück.

A Sarreguemines, j'ai visité tous nos avant-postes qui font bonne garde, mais l'intérêt n'est plus là, il est à Sarrebrük.

Nous sautons en voiture et partons au galop, nous longeons la Saar, c'est-à-dire la frontière ; la route n'est pas sans danger, car de ce côté nos grand'gardes se sont retirées et les Prussiens sont à cent mètres de nous. Nous passons sous leurs carabines ; après une course insensée, montant, descendant, nous attendant à chaque pas à recevoir une balle, nous arrivons à Grosbliederstroff. Là, il y a eu une véritable panique ; un quart d'heure avant notre venue, les Prussiens ont traversé un petit pont sur la Saar et sont entrés dans le village. Les habitants effrayés se sont sauvés en toute hâte ; il n'est resté qu'un malheureux à qui les uhlans ont mis le pistolet sur la gorge en le sommant d'indiquer la maison du curé.

On s'explique très-bien cette préoccupation constante des Prussiens de savoir où est la maison du curé : c'est là, en effet, qu'on peut donner l'alarme au moyen des cloches.

Nos généraux recommandent aux habitants des villages les plus exposés aux reconnaissances de l'ennemi de sonner le tocsin au moment du danger ; nos braves paysans ne négligent pas de se conformer à cette recommandation qui peut les exposer à toute la fureur de l'ennemi.

Cinq uhlans sont entrés jusque dans le village, six sont restés à l'entrée, une cinquantaine observaient de l'autre rive. Au moment de leur arrivée, un séminariste sortait de l'église : le prenant pour le curé, les uhlans l'ont traité de *pfauff* (jésuite), placé entre leurs chevaux et forcé de marcher en le piquant de leurs lances. Au bout de quelques minutes, s'apercevant de leur erreur, ils ont relâché le malheureux. A ce moment, le tocsin a sonné, plusieurs coups de pistolet ont été tirés par les uhlans sur le curé qui s'est sauvé par les toits.

Les uhlans ont fui alors, craignant un retour offensif de nos avant-postes.

Je les aperçus de l'autre côté de la Saar, campés le long du cimetière. Les braves gens qui logent ici demandent des armes pour se défendre. Ces trois ou quatre cents habitants, avec des fusils, pourraient arrêter un régiment entier.

Pendant que j'écris, le canon gronde plus fort du côté de Sarrebrück, à douze kilomètres d'ici. Nous sautons en voiture pour courir au feu. A demain les détails, s'il y a lieu.

P. S. — Un détail curieux. Un paysan que nous rencontrons nous apprend qu'avant de changer leur ordre de bataille, alors qu'ils croyaient marcher sur Sarreguemines, les officiers prussiens avaient distribué à leurs hommes des billets de logement pour cette ville.

En wagon, de Forbach à Paris.

La lettre que je vous écris a une gravité telle que j'ai longtemps hésité avant de vous signaler des faits qui sont, en ce moment, l'objet de toutes les préoccupations. Peut-être eût-il mieux valu garder sur ce point un silence absolu, mais comme je sais que des correspondances inexactes peuvent donner des versions dangereuses, je me décide à vous écrire toute la vérité, quelque triste qu'elle soit.

Nos troupes viennent d'essuyer un revers sur le champ de bataille même où elles avaient vaincu le 2 août.

Une habile manœuvre des Prussiens admirablement servis par les espions qu'ils entretiennent dans notre camp, a suffi pour changer en un jour toute la situation.

Depuis trois jours le bruit a été répandu qu'un corps considérable de Prussiens se disposait à quitter Deux-Ponts (Bavière) pour venir attaquer Sarreguemines. Tout notre état-major a cru à cette nouvelle.

La faute qui a été commise — faute qu'il serait puéril de vouloir dissimuler à cette heure, et que le dernier de nos troupiers ne se gêne pas pour crier sur la route — consiste à avoir abandonné sans raison les positions excellentes que nous avions conquises le 2 août à Sarrebrück pour reprendre notre ancienne ligne d'opérations.

La faute était d'autant plus grave, qu'à notre gauche se trouvait un bois épais d'une étendue de dix lieues que l'on avait négligé de reconnaître.

C'est le général Frossard qui commandait.

Avant de poursuivre cette triste tâche, je dois dire que j'ai le droit et le devoir d'aller jusqu'au bout, le droit parce que j'ai assisté à toutes les opérations, essuyé le feu des mitrailleuses ennemies ; parler est pour moi un devoir sacré, parce que j'ai serré la main de cent officiers blessés qui disaient :

— Il faut que le pays sache la vérité. La France n'est pas une nation timide à qui l'on ne doit dire les choses qu'à moitié ; elle a l'âme assez forte pour tout apprendre, et son énergie sera d'autant plus grande qu'elle verra le danger plus imminent.

Ce qui parle ici, c'est la voix de cette armée héroïque qui a lutté un contre dix, et qui n'a succombé qu'après s'être entourée d'un rempart de cadavres.

Le 6 août, nous occupions en arrière de Sarrebrück la *Brême-d'Or* à gauche et les hauteurs de Spikeren à droite. La partie du 2⁰ corps d'armée qui tenait ces positions ne s'attendait à aucune attaque, tandis qu'à Sarreguemines quelques divisions du 2⁰ et du 3⁰ corps faisaient bonne garde. Les tirailleurs, cachés derrière les branchages et réfugiés dans deux maisons crénelées à la hâte, attendaient les Prussiens, la carabine à la main.

A neuf heures et demie, un lieutenant fut envoyé de la *Brême-d'Or* avec quelques enfants perdus ; il avait pour mission de reconnaître le bois situé à gauche. Les coups de feu pétillèrent dans les arbres assez nombreux pour montrer la nécessité de renforts. Deux compagnies du 77⁰ s'élancèrent au pas de course et, se développant en tirailleurs, pénétrèrent dans le taillis.

Au bout de quelques minutes, il fallut se rendre à l'évidence. Une colonne prussienne, qu'on n'évalue pas à moins de 40,000 hommes, tenait le bois. Le 66⁰ de ligne et le 3⁰ chasseurs à pied furent appelés en toute hâte de Forbach. Pendant près de trois heures, cette poignée d'hommes lutta avec l'énergie du désespoir, chargeant à la baïonnette quand les munitions manquaient.

Enfin, il fallut reculer. Les Prussiens, débordant

Bataille de Forbach

ces héroïques soldats, attaquaient les hauteurs de Spikeren, intrépidement défendues par la division Laveaucoupet.

Abandonnant la *Brême-d'Or*, les Français s'efforcèrent de défendre l'usine de Styring-Vendel. Deux fois la position fut prise et reprise ; à quatre heures, malgré tous nos efforts, nous n'étions plus qu'à 200 mètres de Forbach.

Il faut avoir, comme moi, assisté à ce combat surhumain pour comprendre ce que vaut notre armée.

Les balles, les boulets, les obus pleuvaient dans les prés, sur la route et dans les premières maisons de Forbach.

Soudain, à cinq heures, le clairon retentit ; ce sont des régiments qui arrivent du camp de Saint-Avold.

En moins de cinq minutes, les nouveaux venus ont pris leur ligne de bataille, et, d'un élan furieux, nos troupes s'élancent aux cris, mille fois répétés, de : En avant !

Les Prussiens défendent le terrain pied à pied, mais rien ne peut résister à la furie française ; en moins d'une demi-heure, l'ennemi est rejeté dans ses positions primitives.

Il est cinq heures et demie, nous avons la victoire.

Hélas ! de ce maudit bois sortent de nouvelles troupes, plus nombreuses que les premières. De la route, nous les voyons s'allonger dans la plaine en longues files noires.

Un choc formidable a lieu, mais rien ne peut résister à ce coin formidable de fer : Styring est repris par l'ennemi ; dans moins d'une heure, il sera à Forbach ; il ne reste qu'à fuir.

Nous attelons notre cheval et prenons la route située sur la gauche, au moment où les balles prussiennes criblent les murs.

Un coup de canon retentit non loin de la gare. D'un coup d'œil anxieux nous fouillons les bois voisins qui, par une bizarrerie étrange, sont prussiens, tout en étant enclavés dans le territoire français.

Notre indécision est de courte durée : un uhlan est là, armé de sa longue lance. Entre les arbres, nous voyons des masses profondes.

N'importe, il faut partir; de cette façon du moins, nous avons une chance de salut.

Notre cheval s'élance au galop sur la route, malheureusement un train part ; les mitrailleuses prussiennes le saluent au passage, et pendant un quart d'heure nous courons sur cette route à moins de cent mètres de l'ennemi : les balles tombent autour de nous comme grêle.

Un convoi du génie, qui veut passer, est criblé.

Que faire ? Devant, à droite, à gauche, sont les Prussiens qui font converger leurs feux. Un seul espoir de salut nous reste, mais il est bien minime : il nous faut gravir la montagne qui s'étend derrière nous, et tâcher de gagner les bois.

Un kilomètre à faire en rampant presque à pic !

Bataille de Forbach

Et dans la nuit qui tombe rapidement, nous voyons les sillages des obus et des bombes qui fouillent tous les replis du terrain.

N'importe ! le moment n'est plus d'hésiter, nous abandonnons notre voiture, nos bagages, et nous gravissons la pente.

Il est à ce moment sept heures vingt : de gros nuages flottent au-dessus de nos têtes. Pas à pas nous avançons, profitant des moindres replis du terrain, nous cachant quand nous voyons venir la bombe.

A ce moment, un spectacle formidable s'offre à nos yeux, et pour un moment nous cloue au sol.

Nos dernières troupes veulent tenter un suprême effort : mourir pour mourir, elles préfèrent tomber en rendant coup pour coup.

Elles s'élancent sur la chaussée du chemin de fer, se rangent en bataille, comme à la parade, et ouvrent le feu à cent mètres. Tout coup porte et troue une poitrine ; nous voyons deux lignes de feu et une épaisse fumée qui monte.

Les mitrailleuses prussiennes déciment nos rangs, et les obus tombent sur les maisons qui bordent la route. L'hôpital est le premier atteint.

A chaque pas, le cœur nous manque, et, malgré le danger, nous demeurons, admirant ces vaillants enfants de France qui meurent. Autour de nous, une colline escarpée qui fume çà et là ; dans le noir de la nuit, nous voyons des points rouges ; ce sont des bombes qui mettent le feu à l'herbe ; au-dessus de nos têtes, à droite, à gauche, des sifflements étranges, des balles et des boulets, puis dans l'air des lignes rougeâtres qui montent et descendent : ce sont les obus.

Au bout d'une heure d'efforts suprêmes, exténués, mourants, nous nous enfonçons dans le bois qui descend le versant de la coline. L'herbe s'étend touffue au pied des arbres, n'importe ! il faut marcher, marcher toujours, s'enfoncer plus avant. Nous venons de fuir un danger, mais un autre nous menace, plus terrible peut-être.

Là-bas, c'était la mort du soldat qui nous attendait, et nos cadavres frappés de balles pouvaient du moins tomber sur ceux de nos frères d'armes ; ici c'est l'ombre, la nuit, c'est l'embuscade, c'est le frémissement de l'arbre qui rappelle le sifflement de la balle.

Au moment où nous entrons dans le bois, une voix forte parvient jusqu'à nous. Elle crie : Cessez le feu.

Notre position est bien désespérée ; chaque pas peut nous rapprocher d'une patrouille prussienne ; nous risquons de rencontrer ces sombres maraudeurs, corbeaux de la nuit qui dépouillent les morts.

Pourtant, nous oublions tout, et nos yeux se mouillent. Au lieu de fuir, nous restons immobiles, sans forces pour retourner en arrière rejoindre ceux qui meurent.

C'est que, pour la première fois depuis 1815, le

sol de la patrie est violé ; c'est que ces héroïques soldats qui nous serraient la main il y a quelques heures, pleins d'enthousiasme et d'ardeur, ne sont plus qu'une boue rougeâtre dans laquelle piétinent les chevaux de ces Prussiens maudits.

Je les ai vus ces blessés, sur la route de Styring, assis sur les cacolets ; ils demeuraient calmes, souriants.

Devant eux, nous nous découvrions, et ces pauvres victimes semblaient toutes surprises de ces marques de respect. C'est que pour eux, il était tout naturel de se montrer surhumains. J'en ai vu plus de mille ; l'un d'eux avait l'œil qui, tout sanglant, battait la joue ; deux hommes le retenaient et leurs forces étaient à peine suffisantes pour empêcher ce sublime de retourner au feu.

Je les ai entendus, et j'ai compris cette parole de Napoléon Ier, disant qu'il y avait vingt généraux dans chaque régiment.

A travers les forêts, nous errons pendant des heures, nous égarant à chaque instant, craignant d'être surpris. A minuit enfin, nous arrivons à un village, mais le curé nous engage à poursuivre notre route ; dans ce pays d'espions, nous ne sommes pas en sûreté.

Dix kilomètres plus loin, nous atteignons une station du chemin de fer, quatre locomotives sont sur la voie. Nous demandons au chef de train de nous conduire à Metz, il refuse en nous rappelant qu'il faut passer par Merlebach à cinq cents mètres au plus de la frontière prussienne. Nous triomphons de ses hésitations d'un mot : à tout prix, il faut arriver à Metz et prévenir les chefs de notre armée qui reposent tranquilles, ignorant l'affreux désastre qui vient de frapper la France.

Nous partons.

Les quatre Crampton dévorent l'espace: le danger est là plus effrayant mille fois qu'à Forbach; un rail peut être enlevé, un pont détruit, et alors nous roulons dans l'abîme. Debout sur la machine, nous regardons en frissonnant au froid de la nuit. Un boulet peut nous arrêter dans notre course furieuse : cette pensée ne nous effraie pas, car le sentiment du devoir nous soutient et nous élève; nous avons, nous simples journalistes, repoussés d'abord par l'état-major, une mission à remplir, mission terrible: il faut prévenir tous ces régiments qui sans ordre, inconscients du danger, marchent droit à l'abîme, vont se jeter dans le gouffre où les attendent deux cent mille Prussiens.

A six heures du matin, nous arrivons à Metz: notre premier soin est de nous rendre au quartier général : tout dort à l'hôtel de l'Europe.

Nous triomphons enfin de la résistance des ordonnances, et nous sommes introduits, couverts de sang et de boue, dans le salon du maréchal Lebœuf.

En un instant, tout est en rumeur, personne ne savait le premier mot de la défaite. Vingt officiers se pressent autour de nous, nous posant mille questions. Une carte est étendue sur la table : nous

nous efforçons d'expliquer notre marche, d'indiquer la route suivie : nous ne pouvons y parvenir. LA CARTE EST INEXACTE. Il nous faut sur un bout de papier corriger les erreurs, et cette carte est celle de l'état-major !

Tout dans cette sinistre nuit est invraisemblable, impossible.

Le chef d'état-major du maréchal Lebœuf, après nous avoir écoutés jusqu'au bout, nous pose une dernière question :

— Savez-vous où est Bazaine ?

Un instant, nous doutons de notre raison. Quoi ! on dort dans cet hôtel où tout doit se concerter, on repose tranquille, fier de la besogne accomplie, et l'on ne sait où sont les divisions, les corps d'armée, les maréchaux !

Où est Bazaine !

Hélas ! il n'était pas là !

Un dernier mot.

Au milieu de notre fuite, épuisés de fatigue, nous nous arrêtons un instant dans un village. Je me préparais à prendre quelques moments de repos, lorsque le paysan chez qui nous nous trouvions me prévint qu'un officier blessé était couché dans son lit. Comment le malheureux avait-il pu se traîner jusque-là, laissant à chaque broussaille un lambeau de sa chair ?

A ma vue, l'officier se souleva. Lorsque j'eus dit qui j'étais, il me saisit par la main, son œil se ranima, sa voix vibra.

— Monsieur, me dit-il, j'ai un service à vous demander, service immense, jurez-moi que vous ferez ce que je vais vous dire.

— Sur l'honneur, je le ferai.

— Eh bien ! écrivez que le lieutenant de B***, si la balle qui lui a traversé la poitrine ne le tue pas, brûlera la cervelle à l'homme qui nous commandait. Mes soldats sont morts en héros, ils ont lutté pied à pied, un contre dix, contre vingt. Je les vois encore couchés sous les caissons, écrasés, rouges, déformés, hideux. Eh bien ! ces vaillants ont été trahis, livrés par l'incapacité et la lâcheté de leur chef.

Cette voix vibrante au milieu de la solitude, c'était l'opinion unanime de l'armée.

Paris, 8 août.

J'arrive de Forbach où j'ai assisté à la destruction presque entière de notre deuxième corps d'armée commandé par le général Frossard. Nos soldats ont été héroïques de 11 h. du matin et non de 2 h. comme le dit la dépêche jusqu'à 7 h. 40 et non jusqu'à 6 h. Nous avons lutté, défendant pied à pied un terrain attaqué par des forces bien supérieures ; c'est à peine si nous avons eu vingt mille hommes engagés, tandis que les Prussiens ont pu mettre en ligne plus de cent mille hommes.

Encore nos soldats sont-ils arrivés régiment par régiment. On eût dit non des troupes qu'on guide au combat, mais des animaux qu'on mène à la boucherie.

Nous avons été joués par les Prussiens comme des enfants, et notre état-major s'est laissé duper, croyant à toutes les ruses imaginées par l'ennemi, ajoutant foi aux rapports de tous les espions.

Les honnêtes gens vraiment que nos généraux ! et comme cette candeur leur servirait s'ils vendaient des bonnets de coton, rue Saint-Denis !

On peut le dire sans crainte, car le moment est venu où la vérité tout entière doit être connue, l'ennemi qui nous a battus, ce sont tous ces hommes empanachés qui vont de Metz aux avant-postes, sans jamais entendre un coup de fusil.

Il n'y a qu'un cri dans toute l'armée, et ce cri je l'ai entendu sur le champ de bataille à Forbach, au milieu des balles et des boulets prussiens.

— Qu'on nous donne un chef en qui nous ayons confiance.

Officiers, soldats, tous répétaient ce mot, et en tombant nos hommes n'avaient qu'une pensée : la Patrie ! qu'une douleur, l'avenir de la France remis en de semblables mains.

J'ose à peine, tant tout cela est monstrueux,

raconter les fautes commises par ces nullités dorées ; le moindre caporal de notre armée saurait mieux conduire ses hommes au feu.

Un exemple entre mille : toute la frontière prussienne est garnie de bois dans lesquels s'abrite l'ennemi. De la sorte, les Prussiens peuvent nous cacher leurs manœuvres, et nous marchons en aveugles. Le maréchal Mac-Mahon a demandé par un télégramme à l'Empereur l'autorisation de brûler ces bois ; l'Empereur a refusé, en invoquant les sentiments d'humanité.

Ainsi, c'est par humanité que nous avons laissé écraser nos troupes à Wissembourg, c'est par humanité qu'à Forbach, nous avons fait tuer des milliers d'hommes !

Sur la gauche de Spikeren, ce sont les bois qui ont servi les Prussiens et nous ont caché leurs forces réelles.

Ce sont des bois encore qui ont abrité les mitrailleuses ennemies sur la gauche de Forbach, et leur ont permis à sept heures du soir de mitrailler nos régiments décimés, épuisés par une lutte gigantesque de dix heures.

Toutes nos troupes sont disséminées sur la frontière, division par division, régiment par régiment ; l'ennemi, lui, s'est montré moins naïf, il a formé deux armées : l'une menaçant Metz, l'autre Strasbourg ; avec ces forces formidables, il écrase nos divisions séparées, et nous bat malgré la résistance héroïque de nos soldats ; si nous devons conserver

Bataille de Forbach

à notre tête de semblables incapacités, il vaut mieux signer la paix tout de suite ; nous mettre à genoux et faire amende honorable. Peut-être se contenteront-ils de la Lorraine et de l'Alsace !

Quoi ! nous avons les premières troupes du monde, nos fusils sont supérieurs à ceux de l'ennemi, nos officiers valent nos soldats, et nous reculons, et nous sommes battus à Wissembourg et à Forbach !

En 1792, la France menacée a trouvé cent généraux pour la défendre ; nous n'en aurions pas un aujourd'hui !

Qu'il s'appelle Trochu ou Changarnier, Bourbaki ou Bazaine, il nous faut un homme avec ou sans épaulette, simple lieutenant à cette heure ou maréchal de France, qui apprenne à nos troupes frémissantes comment on marche en avant, et non comment on recule.

J'étais à Forbach sous le feu prussien, j'ai entendu nos soldats en tombant maudire ceux qui les faisaient tuer inutilement.

Ce que j'exprime ici, c'est la volonté de dix mille héros hachés par la faute de leurs chefs, c'est le dernier vœu des mourants.

CHAPITRE IV

GRAVELOTTE

Gorze, 15 août.

Je ne sais s'il est bien utile de vous donner quelques détails sur la bataille de Borny, car perdu au milieu de nos lignes, je n'ai pu vous transmettre ces renseignements en temps opportun, et je risquerais fort d'arriver trop tard.

Quelques mots seulement.

Le mouvement du 14 avait pour but d'empêcher les Prussiens de couper nos bagages qui filaient pendant l'action, et n'ont pas mis moins de deux jours à parcourir ce pays accidenté.

Quelques heures ont suffi pour repousser l'ennemi, ou du moins pour le forcer à nous livrer passage. Une partie seulement de nos troupes, l'artillerie de la garde notamment, a été engagée. J'aurai terminé quand je vous aurai dit que la froide bravoure du maréchal a fait l'admiration de l'armée. Trois de nos généraux sont blessés.

Il est assez difficile d'évaluer exactement les pertes de l'ennemi. Un médecin principal de l'armée m'a affirmé qu'il comptait dix mille hommes hors de combat, mais j'ai tout lieu de croire que ce chiffre est exagéré de plus de moitié.

Les résultats du combat auraient été plus décisifs si l'affaire avait été engagée deux heures plus tôt. Pendant l'action, nos convois abandonnaient la ville de Metz et marchaient en avant. Pour moi qui, pendant plusieurs heures, ai été arrêté dans cet interminable défilé, je puis affirmer que, sans la bataille du 14 qui a rejeté l'ennemi dans ses bois, il nous aurait été impossible de passer.

Un détail de la bataille de Borny que je suis à même de garantir.

Lorsque le fort Saint-Julien eut cessé son feu, qui, entre parenthèses, a causé à l'ennemi des pertes énormes, toute l'armée prussienne entonna l'hymne national. Devant ces morts couchés par milliers, les musiques jouèrent. Nos soldats admirent cet héroïsme.

— Tant mieux s'ils sont braves, disent-ils, nous n'en aurons que plus de mérite à les battre!

. . . .

Enfin me voilà sorti de nos lignes de bataille, je n'erre plus comme une âme en peine sur la route poudreuse, je ne vois plus les bataillons succéder aux régiments, je n'entends plus le sifflement de l'obus remplacer le bruit strident de la mitrailleuse.

Par suite de quelles circonstances, cherchant à gagner un point, je me trouve rejeté sur un autre, comment pris dans l'engrenage du maréchal Bazaine, j'assiste à toutes les batailles, me jetant à plat ventre pour éviter un obus qui flâne autour de moi, c'est ce qu'il serait trop long de raconter.

Naïvement, j'étais sorti de Metz avec l'armée : les longues files de chariots passaient sur la grande route, cela avait un petit air champêtre qui me ravissait. Malheureusement les lourds canons, en écrasant les pierres du chemin, m'enlevaient toutes mes illusions.

Le 15, après quelques heures de repos dans une grange, je me remets en route de mon pied le plus léger. Je rencontre un fourgon à moitié vide, et rien moins que suspendu, si bien que de cahots en chocs je me retrouve sur la route plus fatigué qu'avant.

Exténué, je prends un chemin de traverse, j'abandonne l'armée, et me voilà dans les bois, cherchant un moment de repos.

Rien n'est dangereux comme ces petits sentiers ; ils sont doux aux pieds, fleuris de pâquerettes ; on marche, on rêvasse, on s'égare, puis une balle qui siffle à deux mètres vous rappelle brusquement que de ce côté les bois sont faits pour les loups et les Prussiens.

Après une heure d'un repos bien gagné, je songe à rejoindre nos troupes. Je regarde à gauche : une armée ennemie se range en bataille, à droite je reconnais l'uniforme français.

Mon parti est vite pris ; je me jette dans les terres labourées, l'œil sur les Prussiens, prêt à m'étendre à la première occasion. Au bout de dix minutes d'une course folle, je débusque sur une route poudreuse et devant une petite maison autrefois blanchie à la chaux. Adossé contre cette maison, la mine soucieuse, l'Empereur suit attentivement tous les mouvements de l'ennemi. Près de lui, dix généraux semblent tenir conseil. Un coup d'œil me suffit pour juger la situation, elle n'est rien moins que gaie. En face de nous, cinquante mille Prussiens sont rangés en bataille, et nous n'avons ici que deux escadrons, l'un de guides, l'autre de chasseurs d'Afrique. Afin d'éviter l'encombrement et de ne pas se trouver retardé au milieu de cette cohue, Bazaine a fait filer ses troupes par une autre route. L'ennemi n'a donc qu'à étendre la main pour s'emparer de tous ces bagages, de dix de nos généraux et de l'Empereur. Pourtant, dans le camp prussien rien ne bouge. Nos chasseurs partent au galop dans la plaine, afin de prévenir Bazaine. Mais trois heures sont nécessaires pour que l'armée ait le temps d'accourir, et en moins de dix minutes, les Prussiens peuvent faire l'Empereur prisonnier. Il faut croire qu'ils n'y tiennent que médiocrement, car ils demeurent immobiles jusqu'au moment où ils voient arriver les premiers régiments français. Alors, sans tirer un coup de feu, l'ennemi rentre dans les bois contre lesquels il était adossé. Quel motif a dicté cette conduite ? Je ne sais, cette inaction en pareille circonstance est pour moi le fait le plus inexplicable de cette guerre.

Me souciant peu de partager la captivité impériale, j'avais, avant l'arrivée de nos troupes, repris ma course.

Ma bonne étoile me conduit à Vernéville, un charmant village à quelques lieues de là. Le maire, M. de Vernéville, m'accueille avec tous les égards dus au malheur, me procure un guide, et je pars pour Verdun ; quinze lieues à faire à pied, escorté de Valter, du *Paris-Journal*, que ma chance m'a donné pour compagnon de route.

A deux kilomètres de Conflans, le long d'un petit bois, nous sommes, à quarante mètres, accueillis par la fusillade. Les Prussiens sont là. Il nous faut, tout meurtris, épuisés, les pieds saignants, revenir sur nos pas.

Sans encombre, nous regagnons Vernéville, où nous nous preparons à dormir d'un sommeil paisible, lorsqu'à notre gauche le canon tonne avec furie.

C'est la grande bataille qui commence, ce sont les destinées de la France qui sont en question.

Dans l'ombre, les bataillons filent serrés, les canons partent au galop.

Alors, plus d'hésitation, plus de fatigue. Depuis trois jours, je n'ai ni mangé, ni dormi. N'importe, debout.

Je gravis alerte les hauteurs situées à ma gauche, et sous mes pieds je vois nos régiments prendre leur place de combat.

Salut, mes gais amis d'un jour ; salut, vaillante armée de la patrie qui combat sur le sol sacré !

Perdu dans la fumée, je reste immobile. Par moment, les obus viennent en sifflant tomber de mon côté ; les boulets abattent les arbres.

Je suis cloué sur place. Je reste. Il me semble que je suis comme un lien entre ces héros qui meurent et les mères qui pleurent dans la chaumière. A chaque décharge nouvelle, je tire mon képi ; je salue ceux qui tombent.

Un soldat blessé passe près de moi, se traînant ; je cours à lui, le prends dans mes bras, et l'embrasse comme un frère.

Puis, tout gauche et maladroit, je le panse ; la blessure est légère heureusement.

J'apprends alors que nos troupes reculent. Nos soldats, surpris par l'ennemi, n'ont pu tenir contre des forces dix fois supérieures. Notre artillerie n'était pas attelée au moment où a commencé le feu. Pendant plusieurs heures nos braves troupiers se firent tuer héroïquement.

Le hasard a d'étranges rencontres ; nous avons tous et non sans raison rendu le maréchal responsable des fautes commises au début de la guerre, et le 16 août, moins de huit jours après son remplacement, l'ancien major général, aujourd'hui chef de corps, laisse surprendre ses troupes. Il faut dire, d'ailleurs, que la faute ne peut être imputée au chef seul : nos soldats négligeant absolument de se garder. C'est là pour eux une sorte de point d'honneur.

Le 14, le 15, le 16, nous avons été surpris comme à Wissembourg et à Forbach. Cela tient à ce que dans notre armée le service d'éclaireurs est fait d'une façon tout à fait insuffisante. Tandis que les Prussiens ont de nombreux escadrons de uhlans qui parcourent la campagne à dix lieues en avant de leur armée, nous ne comptons en ligne qu'un régiment de chasseurs d'Afrique qui s'acquitte de sa dure mission avec dévouement, mais ne peut suffire à tout.

Je ne comprends pas que nos trois régiments de chasseurs d'Afrique n'aient pas été employés : avec quelques bataillons de chasseurs de Vincennes et les francs-tireurs, ils auraient repoussé les détachements ennemis, empêché les excursions qui effraient non sans raison nos paysans, et évité le retour de surprises semblables à celles de Forbach et de Wissembourg.

L'action devint générale.

Sous mes yeux, je voyais une ligne de feu qui n'avait pas moins de six lieues d'étendue ; elle s'étendait de Gorze à Doncourt ; les bois, les collines, tout disparaissait sous un épais nuage de fumée. J'entendais la fusillade pétiller ; les mitrailleuses fonctionnaient avec un bruit sinistre, et les obus franchissant la vallée venaient éclater sur les hauteurs.

Vers dix heures, notre ligne de feu faiblit; mais cette hésitation dura peu. Quelques divisions nouvelles entrèrent en ligne, et le combat reprit avec plus de force. A quatre heures, tout me sembla terminé; les positions prussiennes étaient entre nos mains. Soudain, une rumeur étrange circula dans les rangs: le général Steinmetz entrait en ligne avec quarante mille Prussiens.

Nos grenadiers de la garde reçurent le premier choc; il fut terrible, nos héroïques soldats ne bronchèrent pas. Pendant une heure, cavalerie, infanterie, tout fut mitraillé. Notre artillerie, beaucoup moins nombreuse que celle de l'ennemi, ne pouvait parvenir à éteindre son feu.

A ce moment, placé sur une hauteur, je parvins à apercevoir le maréchal que ses aides de camp amenaient en arrière malgré lui. Perdu dans la fumée, le plus souvent à vingt pas de son escorte, le maréchal avait été entouré de uhlans; heureusement on avait pu le dégager à temps.

A cinq heures, la partie paraissait perdue, lorsqu'une violente canonnade retentit sur notre droite: l'ennemi à son tour recula.

Je n'ai pu voir par moi-même quelles étaient les troupes qui arrivaient si fort à propos, mais la voix unanime de l'armée désigne d'abord le maréchal Mac-Mahon. Au dernier moment, on nomme le général Ladmirault au lieu du maréchal.

Metz, 16 août, soir.

La victoire a été chèrement payée ; le maire vient de faire une proclamation, faisant appel au dévouement des habitants pour recevoir les blessés.

Quant aux pertes de l'ennemi, elles sont incalculables, et prouvent combien la lutte a été sérieuse et acharnée. La garde royale a été particulièrement éprouvée ; on me cite deux ou trois régiments de cavalerie, dont il ne reste pour ainsi dire plus d'hommes.

Il faut le dire, la résistance des Prussiens a été héroïque : ces soldats méritent leur réputation.

On était ici très-inquiet cette nuit. D'après le rapport de nos espions, un corps de quatre-vingt mille Prussiens aurait quitté Forbach pour marcher sur Metz. On s'attendait à être attaqué à chaque moment, et quoique la ville soit admirablement en état, on n'était pas sans inquiétude, car on n'osait pas compter sur nos corps d'armée épuisés par une lutte de quatorze heures et séparés de nous d'ailleurs par plusieurs lieues.

Fort heureusement, la nuit a été assez calme.

Sur les onze heures, nous avons eu une alerte ; le canon a tonné du fort Saint-Quentin. La troupe et la garde nationale ont pris les armes. Je me suis rendu sur l'Esplanade, d'où l'on distingue assez nettement les positions, et j'ai pu m'assurer que ce n'était pas l'ennemi qui nous attaquait.

Notre fort tirait sur les fuyards.

De ce côté donc, aucune crainte.

Seulement, d'après un bruit très-autorisé parmi nos officiers supérieurs, une nouvelle bataille serait probable aujourd'hui ou demain.

On comprend sans peine qu'il soit pour nous de toute nécessité d'empêcher la jonction de ce corps d'armée avec les vaincus d'hier. Cela ferait plus de deux cent cinquante mille hommes qui pourraient prendre nos divisions en flanc.

On m'assure que le maréchal Bazaine, sur l'avis qui lui a été donné d'ici, fait rétrograder une partie de l'armée, tandis qu'un corps d'armée restera en arrière.

De la sorte, la bataille, si elle a lieu, s'étendrait sur un espace de sept à huit lieues, et aurait deux ou trois centres.

Que ceux qui, un instant, ont douté de nos soldats, que l'étranger, qui déjà nous croyait vaincus, méditent ceci.

Le 14, nos soldats se sont battus de trois heures à huit heures ; toute la nuit ils ont marché ; le 15, on a doublé les étapes ; le 16, le feu a commencé à cinq heures du matin, pour se terminer à neuf heures du soir, et l'on s'attend à une nouvelle affaire qui, si l'on en juge d'après les rapports qui nous parviennent, ne saurait être moins importante.

Au point de vue purement militaire, ces deux batailles ne sont pas aussi absolument décisives qu'on le croyait d'abord.

Gravelotte

Les Prussiens sont si nombreux qu'ils peuvent rapidement reformer leurs rangs. Ce corps de quatre-vingt mille Prussiens, d'autres disent cent cinquante mille, qui s'efforce de rejoindre le prince héréditaire et Steinmetz, remettrait peut-être les choses dans l'état où elles se trouvaient il y a huit jours.

Avant mon départ de Metz, j'ai assisté à un épouvantable spectacle : l'arrivée des convois de blessés qui venaient du champ de bataille de Gravelotte.

Sur ces dures voitures rudement secouées, — tous les chemins ont été défoncés par l'artillerie — nos blessés sont pêle-mêle étendus sur un peu de paille.

Quelques-uns, les plus légèrement atteints, marchent à côté des voitures : ceux-là ont le bras, la tête, ou la poitrine enveloppés d'un chiffon sanglant, la plupart ont le fusil en bandoulière. Loin de songer à leurs blessures, ils ne pensent qu'à leurs camarades plus gravement atteints. Ils réunissent toutes leurs forces pour retenir le chariot qui descend trop brusquement.

Pas une plainte, pas un cri, pas un soupir.

En marchant au combat, ils savaient que la lutte serait rude et ils sont dans les heureux, car là-bas dans la plaine, il y a les camarades qui sont tombés frappés dans la poitrine.

Tout le long du chemin, ils songent à la mère à laquelle il va falloir écrire, et ils ruminent je ne sais quel mensonge héroïque pour rassurer la pauvre vieille. Les amputés auront une égratignure, ceux qui ne seront que légèrement blessés se porteront à merveille.

Devant moi passe un cacolet : un capitaine d'infanterie est là sanglant, la grosse toile qui le recouvre à moitié est roide de sang coagulé, parfois des filets humides saignent à travers la paille et laissent sur la route une trace rougeâtre.

L'infortuné a eu les jambes emportées par un boulet ; de ses deux mains il se cramponne convulsivement à la garniture de fer. Sa tête est affreusement contractée, la bouche laisse suinter une écume tachée de rouge.

Où va cette pensée ? Sur ce chemin brûlé par le soleil, au milieu de souffrances qui le dévorent, le malheureux regarde là-bas, bien loin. Il voit ceux qu'il aime ; ils lisent la lettre de la veille, celle qui dit que tout s'est bien passé, qu'il n'y a pas de mal.

Nous traversons un pont. Machinalement, je regarde le nom de la rue ; elle s'appelle *rue du Pont-des-Morts*.

Tout cela est hideux sans doute, le cœur se soulève ; mais il y a là un côté héroïque et grandiose qui vous subjugue. Je veux voir jusqu'au bout, et me fais conduire sur le champ de bataille. On ne peut le parcourir tout entier, car les Prussiens en occupent une partie.

En chemin, je rencontre heureusement la première compagnie de la Société des secours aux blessés. Presque tous ces braves jeunes gens sont Parisiens : ils sont internes ou externes de nos hôpitaux. La nuit venue, ils se rendent sur les champs de bataille, et, amis ou ennemis, ils soignent tous les blessés avec un égal dévouement.

A leur tête, se trouve une héroïque femme dont je suis heureux de me rappeler le nom, Mme Cahen. Elle est jeune, et cependant la vue de ces corps amoncelés et de ces blessés qui se traînent sur la route, ou demeurent inertes, épuisés par la perte de sang, ne l'arrête pas.

On ne saurait croire l'effet que produit sur les pauvres victimes la vue de ces femmes, de ces anges de charité. L'homme soigne, la femme guérit. C'est la patrie tout entière qui apparaît dans la nuit, la patrie avec la petite chaumière enfumée; c'est le sourire après la mêlée terrible, c'est le baiser de la vieille mère, c'est l'espoir.

La nuit s'étend sur la plaine immense, de sombres rumeurs troublent le silence solennel; il semble qu'une plainte immense monte vers le ciel, la plainte de quarante mille hommes qui dorment là rigides.

De distance en distance, on voit des ombres qui glissent, enjambant les cadavres amoncelés.

Il est bon d'être armé, car à côté des chirurgiens qui parcourent la plaine pour ramasser les blessés, il y a les corbeaux, ces hideux maraudeurs qui volent les morts. Une bague tient-elle au doigt gonflé, la chose est vite faite, un coup de couteau, et la bague vient avec le doigt. Ces sauvages arrachent les croix, les montres, l'argent ; tout est bon pour ces rapaces.

A la main, je tiens mon revolver, prêt à brûler la cervelle au premier misérable que je trouverai.

Les corps, en certains endroits, sont serrés les uns contre les autres : mais quoi qu'on ait dit ils sont le plus souvent espacés. Le champ de bataille est si vaste d'ailleurs !

J'ai vu un ravin où nous avons tenu l'ennemi immobile sous notre feu pendant plus d'une demi-heure. Là, pas un uniforme français, il n'y a que des Prussiens, presque tous du 40ᵉ régiment. Peut-être sous cet amas de corps y a-t-il un malheureux blessé à demi étouffé.

Sur la droite, non loin de Gorze, une allée de sapins sombres. C'est là qu'au début de l'affaire se tenaient nos avant-postes. Une compagnie tout entière est couchée, chaque homme a conservé son attitude, le lieutenant a encore une main dans la poche.

Au bout d'une heure de ce spectacle hideux, je m'éloigne. Je ne puis plus rester : il me semble que moi aussi je vais tomber dans cette boue rougeâtre, et que ma place est marquée au milieu de ces corps écrasés par les roues des pièces de canon.

Briey, 17 août, minuit.

Il m'est impossible de rester une heure de plus à Metz, car d'un moment à l'autre, l'ennemi, bien supérieur en nombre, peut investir la place ou du moins tenter un mouvement offensif contre l'un des forts qui protégent la ville.

Il n'est pas facile, dans de semblables circonstances, de savoir où aller, car l'état-major manque de renseignements exacts sur la situation des Prussiens. D'ailleurs, les uhlans sont tellement audacieux, ils poussent des reconnaissances si loin de leurs corps d'armée que toutes les indications de la terre ne peuvent vous servir. Telle route qui était sûre, il y a deux heures, est en ce moment occupée par l'ennemi; en outre, les paysans qui se réfugient en toute hâte dans la ville sont trop ahuris pour pouvoir vous renseigner.

Quelques lignes vous prouveront à ce propos combien les indications, les renseignements, les espions des Prussiens sont supérieurs à ceux de notre état-major.

Il y a quelques jours un détachement de uhlans se présenta dans un village que l'armée française avait traversé vingt-quatre heures avant. Nos troupes avaient à grand'peine obtenu trois mille rations des paysans, les Prussiens en exigèrent vingt-cinq mille: on leur répondit que cette exigence était impossible à satisfaire, et qu'en dépouillant tous les habitants, on n'arriverait pas à réunir le quart de ce qui était demandé.

Le commandant tira de sa poche quelques notes qu'il feuilleta.

— Où est Schültz? demanda-t-il au bout d'un instant.

— C'est moi, commandant, répondit un brave homme tout rougeaud qui s'enorgueillissait déjà d'être connu d'un si puissant personnage.

— Tu as trois vaches, cent poules; je sais où est cachée ton avoine; tu as retiré ta farine avant-hier. Fais-moi le plaisir d'aller chercher tout cela, et vite.

Et successivement le commandant appela tous les habitants et leur prouva, qu'aussi bien qu'eux, il connaissait leurs ressources.

Il va sans dire qu'une heure après, les vingt-cinq mille rations étaient réunies.

Partout où ils vont, les Prussiens procèdent de la même façon, grâce au nombre et à l'adresse de leurs espions, ce qui explique comment des troupes aussi nombreuses peuvent arriver à réunir ce qui leur est nécessaire, tandis que nos soldats ont à peine de quoi manger.

Les communications devenant de plus en plus impossibles entre Metz et Paris, je me décidai donc à m'éloigner de cette ville, et à me rendre à Briey, situé à six lieues sur la gauche. Le conducteur de la diligence m'assura que les Prussiens n'étaient pas venus de ce côté depuis deux jours. Sur cette parole à moitié rassurante, nous partîmes.

Gravelotte

De Metz à Briey la route descend le long des collines escarpées et longe des bois touffus; c'eût été un charmant voyage à faire en temps ordinaire, perché sur l'impériale, le cigare aux dents, mais j'avoue que je demeurais froid, malgré tous les charmes du paysage. J'interroge tous les bois, je fouille toutes les collines, m'attendant à chaque pas à voir, au tournant de la route, la longue lance d'un uhlan.

Ma préoccupation est si forte que je ne m'aperçois pas des regards soupçonneux que le conducteur me jette depuis un instant.

Il faut dire qu'involontairement j'ai éveillé toutes les méfiances de cet honnête pochard. A un petit village perché à mi-route, sur la colline, il m'a offert de descendre pour boire un verre de vin et j'ai refusé; l'homme s'est éloigné en secouant la tête et en mâchonnant entre ses dents ces mots épiques, que je transcris religieusement : « *Un homme qui refuse de boire ne peut pas être Français.* »

A vous et à moi, cette raison pourrait ne pas paraître décisive, mais il n'en est pas de même sans doute pour mon guide, car, à notre arrivée à Briey, sous-préfecture de trois à quatre mille âmes, je me trouve entouré de gendarmes, des habitants, des autorités, et j'entends dans les groupes ce mot peu rassurant : C'est un espion.

Mon brave homme de conducteur se démène comme un diable pour prouver son dire, mais comme mes papiers sont en règle, on me laisse libre, au plus grand désespoir de mon guide qui, sans doute, aurait voulu me voir fusiller pour m'apprendre qu'un vrai Français ne doit jamais refuser une tournée.

A Briey, je ne m'arrête que quelques instants, car la ville me semble peu sûre : une attaque des Prussiens est imminente de ce côté ! Il me faut à tout prix rejoindre Audun-le-Roman. Six lieues à faire, seul, la nuit, au milieu des bois, dans ce pays ravagé par l'ennemi !

La route se déroule au milieu des collines : de temps à autre, des bouquets d'arbres se dressent de chaque côté menaçants. La lune est voilée et l'on ne voit pas à dix pas devant soi.

En quatre heures de marche, j'atteins Audun et la rouge lumière du chemin de fer me guide comme un phare.

C'est pour moi un miracle que l'on puisse encore communiquer par Audun-le-Roman et la ligne des Ardennes. Il est vrai que, pour l'alimentation et le passage des troupes, cette dernière voie est, malgré tout le dévouement des employés, absolument dérisoire. La rupture des communications entre Frouard et Metz nous a causé un énorme préjudice. Souhaitons qu'il soit possible de rétablir, de ce côté, la circulation d'une façon sérieuse.

Je profite de cette occasion pour rendre aux employés du chemin de fer pleine et entière justice ; le dévouement de ces hommes est admirable. Leur mission les expose à tous les dangers ; pas un n'abandonne sa place. Dans les gares voisines de l'ennemi, ils passent la nuit armés, prêts à repousser une attaque et à défendre la ligne. Je les ai vus à Audun à 10 kilomètres de l'ennemi.

La carabine et le pistolet aux pieds, les hommes veillent toute la nuit. Ils ont l'ordre, en cas d'attaque sérieuse, de se retirer les derniers et de faire sauter tous les ponts. Cette délicate mission les expose à être fusillés par les Prussiens : pas un ne recule. Toute la nuit s'écoule pour eux dans une anxiété fébrile : loin de tout secours, ils sont d'autant plus exposés au danger que les Prussiens exécutent aveuglément les ordres cruels qui leur sont donnés.

J'ai vu à Forbach un mécanicien passer sous le feu de l'ennemi, conduisant un convoi de poudre : j'ai moi-même voyagé dans des caissons contenant des munitions. Une bombe, une étincelle suffirait à faire tout sauter, pas un n'hésite à se charger de la conduite de ces trains.

On admire à juste titre le dévouement et la bravoure de nos troupiers : il me semble au moins juste de parler de ces héroïques employés, dont la mission est d'autant plus terrible qu'ils sont seuls, loin de tout secours et qu'il leur faut combattre et veiller la nuit. Ils n'ont pas la mort en plein soleil sous l'œil des chefs : ils risquent de tomber ignorés, dans l'ombre, près des ponts ou du télégraphe confiés à leur dévouement.

Dans cette guerre sans merci, tout le monde aura

fait son devoir, souhaitons que ces modestes et héroïques serviteurs de la patrie ne soient pas oubliés lorsque l'heure de la récompense sera venue.

Près d'Audun-le-Roman, 18.

Je ne sais trop si es Prussiens songeront à nous contester les deux victoires du 14 et du 16 ; mais ce qui est bien positif, c'est que, d'après les nouvelles qui me parviennent, l'accueil que nos paysans commencent à leur faire doit leur prouver qu'en France on n'est pas dupe de ces grossiers mensonges.

On me cite deux ou trois villages dont les habitants font le coup de feu contre les uhlans, au lieu de tendre niaisement le cou comme ils le faisaient autrefois.

Il est vrai que nous ne sommes plus sur la frontière.

Je n'oublierai jamais cette brave femme à qui, le soir de Forbach, nous voulions, d'Aunay, Houssot et moi, confier notre voiture. Le temps pressait : la mitraille pleuvait autour de nous, et les balles ricochaient sur la maison. Nous avions rempli d'or les mains de cette femme; mais elle, insensible à toutes ces séductions, ne voyait que *Coco* qui piétinait sur les légumes.

— Mes pauvres choux! s'écriait la Forbachienne (?)! Dire que l'on se donne tant de mal à *élever* des légumes pour qu'on vous les arrange ainsi!

Pauvre *Coco!* il repose sans doute avec les légumes dans l'estomac des Prussiens!

Cette apathie que rien ne pouvait vaincre a disparu; elle fait place aujourd'hui à une résolution qui ne faiblira plus.

On a beaucoup critiqué depuis l'entrée en campagne l'organisation de la guerre, mais, perdu dans ces dédales immenses, on n'a pu citer que peu de faits.

En voici un qui n'est pas des moins curieux :

Après la bataille de Wissembourg, le maréchal Mac-Mahon s'enquérait partout de ce qu'était devenu le 79e de ligne.

— Quoi! disait-il, pas un homme ne reste, pas un bouton, pas un schako!

Et tout le monde de s'extasier sur la disparition de ce régiment, disparition d'autant plus étrange que personne ne l'avait vu au feu.

Pourtant, il n'y avait pas à s'y tromper : tous les registres, tous les documents officiels indiquaient le 79e comme faisant partie de la division Dumont.

Le 79ᵉ a été retrouvé.

Où pensez-vous qu'il pouvait être ? A l'armée de Bazaine, au lieu d'être sur le Rhin, sans doute ? l'erreur serait forte, mais enfin !

Nenni ! Le 79ᵉ était à Bastia (Corse). Voilà comment l'administration de la guerre était dirigée. Et cet exemple n'est pas le seul que l'on puisse citer. C'est parce qu'il s'est malheureusement présenté trop de faits analogues que notre armée ne peut profiter de ses deux glorieuses victoires.

Sur le papier tout est splendide, et il s'est trouvé un maréchal de France qui, après avoir refait par trois fois ses additions, est arrivé à se persuader et à persuader à la nation que nous étions prêts !

Pour être juste, d'ailleurs, il ne faut pas trop faire peser sur le maréchal Lebœuf une responsabilité qui, pour une bonne moitié, incombe à son prédécesseur.

L'homme qui, du haut de la tribune, a laissé tomber cette parole : « Il n'y a qu'une voix dans l'armée, c'est la mienne », a préparé Wissembourg et Forbach. C'est l'avis de tous les officiers. J'en connais qui, depuis leur entrée au service, notent chaque jour tous les abus qu'ils rencontrent. Croyez-vous qu'ils puissent communiquer ces documents précieux à leurs chefs ? Ils ne le peuvent ; c'est le ministre seul qui a le droit de tout savoir.

Que ne savait-il que les canons prussiens —

ceux du moins qui se chargent par la culasse — sont de beaucoup supérieurs aux nôtres? Ce fait a été signalé à Paris il y a trois ans; on a promis d'examiner. Peut-être même a-t-on nommé une commission !

Ah! les commissions.

CHAPITRE V

REIMS — SUIPPES — SAINT-BRICE

Reims, le 26 août 1870.

Je ne sais si vous êtes comme moi, mais je n'aime pas beaucoup le gendarme. Ce mélange de bottes, de baudriers jaunes et de sabres, chanté par Nadaud, et plus récemment par mon ami Pessard, ne m'inspire qu'une médiocre sympathie.

Or, jugez de mon malheur. A Reims, on ne trouve que des gendarmes; on compterait plus facilement les pigeons qui nichent dans la cathédrale que les gendarmes qui font sonner leurs éperons sur le pavé; à la gare, à la préfecture, à la prison, partout des gendarmes. C'est une nuée.

Je puis parler de la prison avec d'autant plus de compétence, qu'elle vient d'avoir l'honneur de me recevoir. Il m'a fallu hier traverser toute la ville, flanqué de six de ces défenseurs de l'ordre public.

Derrière moi, cinq à six cents braves gens parlaient de me fusiller sur place, ce qui m'était fort indifférent, car ils n'avaient pas de fusils, — et juraient qu'ils allaient me pendre, ce qui ne laissait pas que de m'émouvoir, car cette patrie de l'aï mousseux abonde en réverbères.

A la prison, j'ai eu toutes les peines du monde à ne pas être écroué; il me fallut voir le général, lequel m'adressa au sous-préfet qui me renvoya au maire.

Une fois mis en liberté, je m'informai des motifs de mon arrestation, et l'on m'apprit gravement que le vrai coupable était... mon pantalon.

— Il est certain, conclut Pandore d'un ton plein de bonhomie, que ça n'a jamais été un pantalon français.

Il n'est pas un étranger d'ailleurs qui n'ait été arrêté en moyenne une fois par heure dans cette bonne cité de Reims, la plus poltronne de toutes les villes que j'aie jamais rencontrées. Nos mobiles s'exercent dans la plaine, et à chaque détonation nouvelle, les habitants se précipitent dans leurs caves, se persuadant que leur dernier jour est arrivé.

Il faut dire cependant que la ville est assez riche pour tenter des uhlans, outre qu'au point de vue des chemins de fer elle a une importance considérable. Mais nous avons ici de nombreuses troupes, et il n'y a rien à craindre, à moins d'événements tout à fait imprévus.

Le bruit court ici avec une certaine persistance, que deux batailles simultanées viennent d'avoir lieu hier : l'une commandée par Mac-Mahon à Attigny ; l'autre près Verdun : Bazaine commandait ; quarante mille Prussiens auraient été mis hors de combat.

Un corps considérable aurait été coupé. Malheureusement, je sais que ces bruits sont absolument faux : je me suis avancé aussi près que possible afin de vérifier l'exactitude de ces nouvelles, et sans avoir pu arriver jusqu'au quartier général, je suis à même de vous affirmer que tous ces bruits sont d'invention pure.

Mon voyage n'a pas été tout à fait sans danger, d'abord à cause des précautions que prennent les paysans et les francs-tireurs, précautions qui ont hier causé, près de Reims, la mort d'un enfant qui sortait du collége. Je me trouvais dans un train contenant des volontaires, qui a tamponné. Vingt-cinq soldats environ ont été blessés, très-légèrement par bonheur, mais il en est résulté un encombrement qui a obligé les employés à interrompre la circulation pendant près de deux heures.

Le bruit a couru également aujourd'hui qu'une grande bataille avait eu lieu du côté d'Épernay. Qu'y a-t-il de vrai dans ce bruit ? je ne puis le dire.

Au dernier moment, j'apprends la vérité, que me rapportent des témoins oculaires.

A Épernay, cinquante-quatre dragons prussiens sont arrivés aujourd'hui vers trois heures.

Trente d'entre eux se sont postés sur le pont dit du Cimetière et du chemin de fer, pendant que les vingt-quatre autres mettaient pied à terre et se dirigeaient vers la gare. Trois soldats français se trouvaient en ce moment de ce côté ; ils armèrent leurs fusils, et se préparaient à tirer, lorsque les ouvriers employés à la voie se précipitèrent sur les Prussiens, les frappant à coups de marteaux et de pics.

Quelques dragons ont été tués, trois faits prisonniers ; parmi eux se trouve un jeune officier, d'une distinction parfaite.

Je viens de le voir à la gare, il se nomme le comte de.... le nom m'échappe. Il a demandé la permission d'écrire une lettre, que j'ai lue et qui est ainsi conçue :

« — Je suis fait prisonnier à trois heures ; j'ai trois blessures légères. Je ne sais où l'on me conduit. »

Interrogé, il a répondu qu'il arrivait de Châlons, où se trouvait le corps d'armée du prince Fritz. On lui a fait observer que cette nouvelle était plus qu'invraisemblable, tous nos renseignements constatant que Châlons était abandonné par les troupes prussiennes. Il a, dès lors, refusé de répondre et a été conduit à la prison.

La nuit dernière, deux cent cinquante uhlans sont venus camper à Sillery, à 8 kilomètres de Reims. Le maire, M. Edgard de Brimont, a commencé par prendre la fuite. Le conseil municipal s'est immédiatement rassemblé et a provoqué sa destitution.

L'adjoint, M. Lalondre, a remplacé le fonctionnaire absent, et avec un dévouement au-dessus de tout éloge, a envoyé à Reims prévenir le général commandant.

Sept hommes sont venus les uns après les autres; le général s'est borné à répondre :

— Je n'ai pas d'ordres.

Les uhlans sont donc restés toute la nuit à Sillery, bivouaquant très-tranquillement ; ils sont partis ce matin sans être inquiétés.

A l'instant, on me dit qu'à deux lieues d'ici il y a cinq uhlans dans une ferme ; on en signale douze à une lieue; ils viennent de tous côtés et, malheureusement, l'absence d'ordres empêche de poursuivre ces cavaliers, dont le principal but est de rançonner les paysans.

Reims, le 27 août 1870.

Je n'ai que quelques mots à vous écrire, car le temps me presse, non que je sois sûr de l'heure du chemin de fer, les trains partant avec une irrégularité d'ailleurs toute naturelle, mais parce qu'il est deux heures du matin.

De nouvelles absolument certaines, il n'en est point. Les uns parlent d'une bataille qui se serait livrée aujourd'hui. Cette nouvelle me semble assez fantastique. Les autres affirment que l'action s'engagera demain du côté de Vouziers : ceci me semble infiniment plus probable.

Ce qui est à peu près certain, c'est que deux corps prussiens de dix à douze mille hommes chacun se sont portés sur les hauteurs aux environs de Reims. Que font-ils là ? D'où viennent-ils ? Sur ces deux questions, il est impossible de se prononcer.

Deux hypothèses seulement sont vraisemblables.

D'après la première, les Prussiens auraient occupé cette position pour nous couper la retraite.

D'après la seconde hypothèse, il s'agirait d'une attaque sur la ville de Reims.

Je n'ose me prononcer sur de semblables questions, car la matière est trop grave ; mais je persiste à croire qu'une attaque sur Reims est au moins improbable.

Les espions et les partisans prussiens sont peu faits cependant pour donner confiance, tant leur audace est grande.

Voici un fait que je puis vous garantir. Au mérite d'être exact, il joint celui d'être récent ; il n'y a pas trois heures qu'il s'est passé :

A 9 kilomètres d'ici, se trouve un village du nom coquet de Lapompelle. Une cinquantaine de uhlans sont entrés là sur les deux heures de l'après-midi, et se sont installés tranquillement dans une ferme qui appartient à Mme Sénard.

Les soldats, tout ceci garanti par vingt témoins oculaires, n'étaient que médiocrement rassurés : des deux officiers qui commandaient le détachement ennemi, l'un affectait une assurance absolue, l'autre était moins tranquille.

Vers le soir, un monsieur à barbe blanche et une dame entrèrent dans la ferme. L'officier prussien se dirigea vivement vers les nouveaux venus, leur serra affectueusement la main et les entraîna vers une pièce isolée.

Au bout d'une demi-heure d'entretien, le détachement s'éloigna au galop. Que sont devenus ce monsieur et cette dame, venus exprès de Reims pour renseigner l'ennemi ? L'opinion des braves paysans, qui sont accourus aussitôt, est qu'ils sont tranquillement rentrés dans Reims.

Comment se garder, lorsque l'ennemi dispose de semblables moyens d'investigation, et a de tels espions ?

Vous savez peut-être — pour moi je viens seulement d'apprendre ce détail caractéristique — que l'espionnage est, pour les Prussiens, l'objet d'une étude spéciale. Il y a le corps des espions comme le corps du génie et de l'artillerie. Ce corps compte de simples soldats et des officiers. Là comme partout il y a de l'avancement.

Nous sommes, hélas! bien loin de cette perfection, triste peut-être mais utile à coup sûr.

Isles-sur-Suippes, 28 août 1870.

De jour en jour, d'heure en heure, la situation devient plus nette, et les renseignements que j'ai recueillis de tous côtés me permettent d'arriver à une conclusion sérieuse.

Deux points, dès à présent, sont hors de doute :

1º Toutes les troupes prussiennes ont abandonné Châlons et marchent sur Vouziers par Suippes ;

2º Le plan prussien qui avait Reims pour objectif est, à l'heure qu'il est, complétement abandonné.

Ces deux nouvelles, d'une importance capitale, n'étaient, hier soir encore, que probables ; à cette heure, elles sont certaines.

Il est donc évident que l'armée ennemie, abandonnant la route de Paris, remonte au-devant de Mac-Mahon.

Pourquoi cette modification apportée par l'ennemi au dernier moment? C'est ce que je vais essayer de vous expliquer, en négligeant toutefois certains points qui peuvent être dangereux.

Entre parenthèses, je dois ajouter que vous pouvez avoir dans ces renseignements que je vous transmets une confiance absolue. Ils me parviennent de vingt sources différentes ; mais j'ai tout contrôlé par moi-même, et depuis deux jours, je parcours les environs de Reims comme un véritable batteur d'estrade.

Enfin, je puis, à cette heure, être assez explicite, parce que les mouvements ne *sont plus à faire*. Peut-être, en même temps que cette lettre, un télégramme vous annoncera-t-il une immense bataille, une grande victoire. Vous pourrez facilement vous en rendre compte en suivant sur la carte les mouvements que je vous explique.

A Châlons, *hier matin, à trois heures*, se trouvait un corps d'armée ennemi dont il ne m'est pas possible de fixer exactement l'importance. Deux versions sont également accréditées, l'une attribuant le commandement au Prince royal, l'autre plaçant à la tête des troupes le prince Albert de Prusse.

A quatre heures du matin, l'armée s'est mise en route. Elle marchait sur Notre-Dame-de-l'Épine, Courtisols, Saint-Martin-sur-le-Pré; son extrême gauche s'avançait jusqu'aux Mathurins.

Le général qui commande à Reims pensa un moment être attaqué. Depuis deux jours, les uhlans venaient jusqu'aux portes de la ville : enfin, la route suivie pouvait, grâce à une conversion, tout aussi bien menacer Reims qu'indiquer une marche de l'ennemi sur Vouziers.

Je me rendis à quelques kilomètres de distance, à Juvigny; et de là, en centralisant les renseignements qu'apportaient les paysans, j'eus bientôt la conviction que les Prussiens s'éloignaient de Reims.

Je rentrai alors dans la ville, et je pus voir combien mes renseignements étaient exacts : à l'état-major, on avait la preuve que l'ennemi ne songeait qu'à marcher sur Vouziers. On m'apprit seulement que, tandis que le gros des forces s'arrêtait à Suippes, après une marche forcée, des reconnaissances de uhlans poussaient jusqu'à Béthiniville sur la Suippes, semblant ainsi vouloir couper la voie ferrée entre Rethel et Reims.

Un instant, on songea à arrêter les trains pour plus de sûreté, mais des nouvelles ultérieures firent revenir sur cette résolution, en prouvant que le service pouvait être continué sans danger.

Afin de mieux juger par moi-même de l'exactitude de ce mouvement, je me suis rendu, la nuit dernière, à Isles-sur-Suippes, qui se trouve à quelque distance de Béthiniville.

Partout, j'ai trouvé les paysans disposés à se défendre énergiquement et à repousser les uhlans.

Il faut dire que les Prussiens ont absolument manqué le but qu'ils s'étaient proposé : les premiers jours, ils ne pillèrent que fort peu, et le paysan champenois, très-patriote, mais surtout conservateur, se contenta de se plaindre.

Depuis, tout a changé. Pressés par la faim, sans doute, les éclaireurs prennent par force ce qu'ils ne peuvent obtenir librement ; de là, des querelles, des injures et finalement des coups de fusil.

On me cite aujourd'hui deux villages : Falaise, à une lieue de Vouziers, et Samouilly, qui ont été brûlés par les Prussiens, parce que les paysans avaient tué trois ou quatre uhlans.

On peut de là conclure que le manque de vivres

commence à se faire sentir dans l'armée prussienne ; si j'ajoute que les munitions sont peu abondantes — et ceci m'est affirmé — nous aurons une des raisons qui ont nécessité le départ des troupes de Châlons.

Plusieurs commerçants de la ville m'affirment, en outre, que nous avons en Champagne un allié qui cause aux Prussiens des... pertes sensibles : c'est le raisin. Tous les soldats se sont rués sur les vignes et cela a amené des..... conséquences faciles à deviner.

Les Prussiens suivent deux routes étroites, tortueuses, difficiles, qui sont bordées de forêts : il entrait dans le plan du général ennemi de s'abriter et de camper dans ces forêts, mais le prince avait compté sans la pluie. Depuis deux jours il est tombé une quantité d'eau telle, qu'il est impossible de faire entrer les soldats dans les bois. En outre, les routes effondrées, boueuses, arrêtent à chaque instant l'artillerie.

Pour qui a étudié le pays, il est plus que douteux que ce corps d'armée puisse arriver à temps pour rejoindre Mac-Mahon, si, comme tout l'indique, nos troupes poursuivent leurs routes à marches forcées.

Telles sont les nouvelles capitales que j'ai pu recueillir. Depuis plusieurs jours, j'aurais pu vous les transmettre en partie du moins, mais il y avait alors à cette publication des inconvénients qui n'existent plus aujourd'hui.

De braves gens qui doivent à cette heure s'arracher les cheveux, s'ils en ont, en pensant au départ des Prussiens, ce sont les huit ou dix conseillers municipaux qui ont signé ces jolies proclamations que votre journal a déjà flétries sans doute, et qui engagent les habitants à mettre leurs gants les plus gris-perle pour recevoir messieurs les Prussiens.

L'ennemi étant aux portes de la ville, cette recommandation, d'une bravoure médiocre, aurait pu se comprendre; mais elle est absolument dénuée de bon sens à l'heure où les Prussiens, renonçant à Épernay, marchent sur Vouziers.

Que diable! MM. les conseillers municipaux, on est plus crâne que cela. Si l'on a des raisons qui vous poussent, au moment du danger, à crier : Voilà l'ennemi, cachons-nous! il faut du moins, les nuages disparus, sortir de sa cave et réclamer son grand sabre pour pourfendre les uhlans à vingt lieues à la ronde.

Rendons cette justice à ces braves *Sparnaciens* que pour mieux arriver à se conquérir toute l'indulgence de leurs amis les ennemis, ils ont fait publier sur la rencontre d'il y a deux jours un petit récit d'une finesse toute machiavélique.

Je vous disais dans ma lettre précédente que les ouvriers du chemin de fer se sont précipités sur les uhlans, et qu'ils les ont attaqués à coups de marteaux. Nous avons tous ici vu un brave ouvrier nommé Gonard, qui a tué deux ennemis. Ce fait est indiscutable, officiel. Enfin, l'officier, prisonnier à cette heure à Reims, a été blessé d'un coup de marteau reçu sur la tête.

N'importe, d'après le récit qui émane de MM. les conseillers municipaux, ce sont des soldats du génie qui ont fait tout le mal ; pas un habitant n'a bougé ; ce sont tous de petits saint Jean incapables de chercher noise à un hanneton.

On comprend où tend ce raisonnement. Il me semble voir ces physionomies fleuries par l'aï. et le sillery. J'entends d'ici ces braves gens :

— Voyez vous, monseigneur, dit le plus vénérable, les soldats ont eu le tort de tirer sur les uhlans : comme bien vous le pensez, ils se sont hâtés de fuir après ce beau coup, ce qui nous prive du plaisir de vous les livrer ; quant à mes *Sparnaciens* (diable de nom), ils sont tellement doux, que quand on veut égorger un poulet, on est obligé d'aller dans la commune voisine !

Souhaitons pour la France qu'elle ne compte pas beaucoup de conseillers de cette force.

On me dit au dernier moment que le maire instigateur de ces déplorables circulaires a donné sa démission. L'opinion, très-montée ici contre ce fonctionnaire, est que cette démission ne devrait pas être acceptée, une conduite semblable méritant une révocation.

Reims, 29 août 1870.

J'ai aujourd'hui assisté au spectacle le plus émouvant qu'il m'ait été donné de voir.

J'étais à Forbach : les boulets pleuvaient comme grêle; à Borny, à Gravelotte, les bombes éclataient non loin de moi. Je sais ce que c'est qu'un champ de bataille avec les morts écrasés par les roues, les blessés qui se traînent; jamais je n'ai été ému comme par l'enterrement d'un officier prussien qui avait été, il y a deux jours, blessé et pris près du Mourmelon.

Le comte de Marcoll n'avait que vingt-sept ans, il est mort hier matin.

Tous les officiers se tenaient rangés autour du cercueil, inclinés devant ce corps. Un modeste drap noir recouvrait la bière placée sur deux chaises. Le sabre du mort et sa croix étaient là.

Devant nous, la gare et ses locomotives. Là, tous les employés du chemin de fer, la population et un détachement du 19ᵉ de ligne. Ce sont ces hommes mêmes qui faisaient partie de l'expédition.

Peut-être parmi ces soldats qui portaient les armes du mort se trouvait-il celui qui avait tiré sur le vivant.

Un pasteur protestant prononça quelques courtes paroles sur cette bière, puis le lugubre cortége se mit en marche.

Jamais père, fille, femme, mère ne fut, à son dernier voyage, escorté d'une foule plus émue. A voir tous ces officiers bronzés par vingt campagnes, on eût cru que celui qui reposait était un chef regretté. Plus d'un œil était humide, plus d'une main se crispait sur la poignée du sabre.

Et cependant celui-là était un ennemi.

Quelle étrange chose que la guerre !

Il y a deux jours, nos soldats se glissaient attentifs, un homme parut, ils tirèrent sur lui.

Il est mort aujourd'hui, et sombres, émus, ils escortent ce cercueil.

C'est que l'image de la patrie était devant eux il y a deux jours.

Elle leur disait :

— Tue l'étranger qui foule le sol sacré ! Tue sans trêve, sans merci.

Aujourd'hui c'est la pitié qui parle. Ah ! messieurs les Prussiens, vous nous avez accusés de tirer sur vos ambulances, nous qui allions ramasser vos blessés sous le feu ! Eh bien ! devant ceux d'entre vous qui sont tombés en face, la poitrine découverte, nous nous inclinons, et la foule émue, silencieuse nous suit, et comme nous se prosterne devant cette tombe.

Un instant, m'assure-t-on, on avait songé à amener les prisonniers prussiens. On a craint que ce spectacle n'excitât la multitude, on a eu tort ; il est bon que tous nos ennemis sachent comment nous honorons les morts.

———

Saint-Brice, 30 août.

Les locomotives ont des rigueurs à nulles autres pareilles. Je me préparais à vous écrire longuement hier ou plutôt ce matin, lorsque l'on m'avertit que le train partait.

Un train qui part exactement, ces choses-là ne sont faites que pour moi !

Il m'est arrivé des nouvelles très-positives de la situation des troupes prussiennes, aujourd'hui massées du côté de Vouziers.

Ces indications me sont fournies par deux fournisseurs des vivres qui, après les péripéties les plus émouvantes, ont pu traverser les lignes ennemies.

Les deux personnes dont je vous parle ont quitté Metz en même temps que moi, le lendemain de la bataille de Gravelotte ; elles arrivent aujourd'hui seulement, arrêtées à chaque pas par les Prussiens peu soucieux de laisser traverser leurs avant-postes.

Rien n'est amusant comme cette odyssée : on couche dans les bois, on mange en espérance, on est mouillé, perclus, c'est charmant.

A Passavant, se trouvaient les dragons royaux qui escortaient les mobiles de Vitry-le-Français. Plusieurs de ces malheureux avaient cinq ou six blessures ; ils étaient soignés par les médecins d'une de nos ambulances, MM. Desprès, de Tours, et sir Thomas, jeune chirurgien anglais, délégué de la Société internationale de Londres.

Les Prussiens voulaient fusiller les mobiles, persuadés que c'étaient des francs-tireurs.

Sir Thomas s'interposait; malheureusement, il parlait le français avec une désespérante médiocrité; de son côté, l'officier ennemi prussianisait notre langue avec une perfection rare.

Ni l'un ni l'autre ne s'entendait : un Français pris au milieu de ces baragouins eût jeté sa grammaire par-dessus les moulins.

Enfin, sir Thomas, à bout d'arguments, exaspéré, saisit du foin qui se trouvait à terre, et, le mettant sous le nez de l'officier, s'écria :

— Mange, mange.

Et notre brave Anglais répétait ce mot avec rage.

Le Prussien fit un pas en arrière, prit un pistolet à sa ceinture et l'arma. Sir Thomas se redressa et, montrant fièrement sa poitrine, dit à l'officier ces seuls mots :

— Moi ! citoyen de la Grande-Bretagne !

Le dragon remit son pistolet à sa ceinture, et sortit.

La situation de nos blessés n'était pas meilleure, lorsque Jezierski, de l'*Opinion nationale*, qui, depuis quelques jours, se trouvait au milieu des ennemis, entra dans la salle.

Je connais trop la modestie de mon excellent et loyal confrère pour être sûr qu'il ne racontera pas le fait dans tous ses détails, aussi je m'empresse de vous le narrer.

L'officier supérieur qui commandait à Passavant

ne voulait rien entendre, et sans cesse, il répétait :

— Ce sont des francs-tireurs, fusillez-les.

Jezierski insista, sans se laisser arrêter par le regard menaçant du général; il lui lut les livrets de chaque homme, constatant que tous étaient gardes mobiles.

Enfin, après une heure de discussion, l'officier laissa échapper cette parole :

— Eh bien ! emmenez-les.

Une seconde après, les voitures d'ambulance filaient au grand trot, escortées sur la route par un détachement de dragons silésiens.

Le drapeau français flottait sur la voiture, les dragons voulurent le faire enlever, mais M. de la Bourgade, directeur de l'ambulance, s'y opposa avec une telle énergie, qu'au plus grand déplaisir des Prussiens, notre drapeau resta à l'arrière des voitures où se trouvaient nos dix-sept blessés.

J'ai dit plus haut que ces gardes mobiles avaient failli être passés par les armes parce qu'on les prenait pour des francs-tireurs.

C'est qu'en effet les Prussiens se refusent absolument à considérer nos braves volontaires comme des soldats.

QUINZE D'ENTRE EUX ONT ÉTÉ FUSILLÉS PRÈS DE VERDUN.

C'est là un fait odieux qu'on ne saurait trop publier. En agissant avec cette monstrueuse rigueur, les Prussiens espèrent sans doute que nos intrépides amis renonceront à leur dangereuse chasse. Ils voudraient voir libres ces défilés de l'Argonne, ces bois épais d'où partiront tant de coups de fusil lors de la retraite.

Ces messieurs connaissent mal le caractère français et nous jugent d'après eux.

Si le gouvernement est impuissant à faire cesser de pareilles atrocités, s'il ne peut faire reconnaître comme belligérants ces braves qui combattent et meurent en soldats, je demande que sur tous les murs de Paris on placarde l'avis suivant :

« Les francs-tireurs courent plus de dangers que les autres Français. »

Je garantis que le lendemain il faudra doubler le nombre des bataillons, et la chasse sera bonne !

En terminant, je veux vous citer un mot entendu par les deux fournisseurs de vivres dont je vous parlais plus haut.

Ces messieurs avaient été assez bien accueillis par quelques officiers de l'état-major prussien, qui ne se gênaient pas pour exprimer leurs craintes sur l'issue de la campagne.

Un matin, les clairons sonnaient le boute-selle. Un des officiers s'approcha des deux Français et leur annonça son départ.

— Et où allez-vous ?

Tristement, l'autre répondit ces seuls mots lugubres :

— En terre !

Reims, 31 août 1870, minuit.

Il ne me reste guère qu'une heure avant le départ du courrier, mais je vais tâcher de bien l'employer, car j'ai à vous signaler une nouvelle des plus importantes.

Une bataille terrible a eu lieu à Monthois, au-dessus du Grand-Chêne.

Il est bien entendu que je ne vous donne pas cette nouvelle comme officielle, je me borne à vous transmettre les preuves qui me sont fournies.

Le gouverneur de Verdun, averti de cette bataille, a de suite envoyé un exprès porteur d'une dépêche pour Paris. Cet homme, parti lundi soir de Verdun, est arrivé mardi à Tilois, d'où il a continué sa route sur Paris. Le maire de Tilois, M. Godard, a immédiatement expédié un messager à Reims. Tilois est à douze lieues d'ici. Le soir, à huit heures, est arrivé le paysan. J'ai pu causer quelques instants avec lui, il n'a sur la bataille aucun détail et ne sait rien que ce que je viens de vous rapporter. Il est porteur d'un laisser-passer parfaitement en règle.

Telle est la nouvelle complétement inconnue encore ici.

Faut-il croire cet homme? D'abord constatons qu'il ne peut être un espion, son laisser-passer répond de sa bonne foi : il ne peut être dupe, car il rapporte textuellement les paroles qui lui ont été dites.

Il ajoute, j'oubliais ce détail, que le roi de Prusse et le prince Charles, qui ont couché dimanche à Sainte-Menehould, sont rejetés avec toute leur armée sur la Meuse.

Au moment où nous procédions à un interrogatoire aussi précis que possible, pour tâcher de reconnaître la vérité, on vient nous apprendre qu'un garçon épicier, parti de Reims dimanche pour aller à Vouziers, vient de revenir. On ajoute que cet homme assure qu'en quittant Vouziers, il a traversé un champ de bataille.

Je me fais indiquer la demeure de ce commerçant, qui me confirme le fait ; il a bien traversé un champ de bataille. « Les Prussiens couchés à terre, me dit-il, sont plus nombreux que les seigles. »

Décidément on ne peut plus douter. Il est onze heures et demie, je rentre vous écrire, lorsque dans la rue, je me heurte à un rassemblement. Un marchand de bestiaux arrive du même endroit, lui aussi a traversé un champ de bataille.

Les trois renseignements concordent de la façon la plus absolue. C'est le même jour — lundi, qui est indiqué, — le même endroit, Monthois ou les environs. Enfin, ces trois personnes qui ne se connaissent pas, et arrivent par des chemins différents, donnent sur le nombre des morts et l'aspect affreux du champ de bataille des détails presque identiques. . . . .

Le résultat, hélas! n'a pas été celui que nous espérions et auquel devaient nous faire croire tous les renseignements qui nous parvenaient d'heure en heure.

Tandis que nous nous réjouissions de nos victoires, les troupes françaises trahies, livrées par une capitulation sans exemple, rendaient leurs armes à l'étranger.

Reims, 1er septembre.

Pour aujourd'hui, si vous le voulez bien, j'abandonne le rôle de grand stratégiste, et je me borne à vous adresser cent détails intéressants que j'ai recueillis à votre intention.

Le hasard m'a mis en relation avec des voyageurs qui, de Verdun ici, ont traversé toutes les lignes prussiennes. Grâce à eux, j'ai eu des renseignements très-complets et que je puis vous garantir absolument, la sincérité de ces voyageurs ne faisant ici aucun doute pour personne, et la plupart de ces indications étant d'ailleurs corroborées par des renseignements venus d'autre part.

Lundi, un officier prussien arriva en toute hâte à Sainte-Menehould, où se trouvait réunie depuis samedi l'armée du prince Charles.

Une ambulance française se tenait au même endroit, je ne sais par quel hasard.

L'officier pria MM. Desprès, délégué de la Société Internationale (comité de Châlons), et plusieurs docteurs français de le suivre en toute hâte. On se battait à *huit lieues*, et les chirurgiens prussiens ne pouvaient suffire à ramasser les blessés. Plusieurs membres de l'Internationale suivirent l'officier.

Or, à huit lieues environ de Sainte-Menehould, se trouvent Monthois et Grand-Pré.

Ce fait viendrait donc appuyer la nouvelle d'une grande bataille qui se serait livrée lundi dans les environs de Monthois.

Puisque je viens de parler de l'ambulance française, laissez-moi ajouter qu'avec elle se trouvait le docteur Rigaudin, de Paris, bien connu sans doute de nombre de vos lecteurs.

Un médecin prussien, chevalier de Malte, voulait à toute force serrer la main de notre compatriote. Celui-ci, devant tous les officiers prussiens, s'y refusa.

— Monsieur, dit-il à l'enragé docteur, vous êtes Prussien, moi Français : tant que l'un de vos compatriotes sera en France, ma main ne pourra toucher la vôtre.

On est heureux d'avoir à signaler de semblables faits.

Je dois ajouter que les officiers prussiens ne répondirent pas un mot.

Leur plus grande préoccupation, d'ailleurs, nettement constatée à Sainte-Menehould, est de ne pas être pris « pour des barbares » — c'est l'expression même dont ils se servent. A chaque instant ils reviennent sur ce sujet. Ils feraient mieux à coup sûr de moins insister et de se conduire autrement.

Nos francs-tireurs lâchement fusillés, nos paysans volés, égorgés, protestent contre cette étrange prétention.

A Sainte-Menehould, en même temps que le Prince royal, se trouvaient quantité de petits princes. Un témoin oculaire, — bien peu respectueux d'ailleurs, — m'assure qu'on aurait dit des majors de table d'hôte; quelques-uns faisaient seuls exception.

Là aussi était le comte de Solms, bien connu des Parisiens. Avec une désinvolture charmante, le comte expliquait à qui voulait l'entendre que les Prussiens ne renonçaient nullement à marcher sur Paris. Le temps de battre Mac-Mahon, et les forces prussiennes réunies se rendaient à la capitale.

Le comte expliquait d'ailleurs que les généraux prussiens n'avaient nullement l'intention de faire le siége de Paris.

Nous voulons seulement, concluait-il, signer la paix sous les murs de cette ville.

Personne n'a eu l'indiscrétion de demander avec qui l'on comptait signer la paix !

Un détail horrible sur la bataille de Wissembourg a été révélé par le prince de Waldebourg, chargé de la direction de l'Internationale prussienne.

Les Français blessés n'ont été relevés par les Prussiens que trois jours après la bataille.

Dans un petit bois, on trouva un soldat dangereusement blessé. Quelques infirmiers, négligeant de fouiller soigneusement le bois, avaient appelé. Le Français ne répondit pas, aimant mieux mourir que de se rendre. Heureusement le prince parlait français, et le soldat se traîna vers lui, croyant avoir affaire à un compatriote.

Détail horrible, affirmé par le prince : DANS LA PLAIE DE CE MALHEUREUX ON TROUVA DES FOURMIS.

Je résume brièvement les nouvelles que je recueille ici. La voie a été coupée ce soir à deux endroits, à Bazancourt d'abord, puis au Châtelet. Il est probable que demain ces communications seront rétablies.

Je vous ai sans doute parlé d'un officier de dragons de Silésie qui, amené blessé à Reims, est mort et a été enterré au milieu d'un grand concours d'officiers et d'ouvriers.

On a trouvé sur le capitaine de Marcoll des lettres adressées par une *demoiselle* qui habite, à Paris, la rue d'Aboukir. On ne fit d'abord pas grande attention à cette correspondance, mais un examen plus attentif fit remarquer un singulier détail.

Certaines phrases, certains mots, certaines lettres même étaient piquées en haut avec une aiguille.

Un officier eut la curiosité de rassembler ces phrases, ces mots, ces lettres, et il arriva ainsi à reconstruire toute une missive, non plus amoureuse, mais remplie d'indications sur les préparatifs de défense de Paris.

Il est bon de signaler de semblables faits : ils prouveront que l'on ne saurait prendre trop de précautions et se méfier d'un ennemi qui a fait un art de l'espionnage.

SIÉGE DE PARIS

CHAPITRE VI

COMBATS DE CHATILLON ET DE CHEVILLY

Paris, 15 septembre 1870.

Je vous écris, mollement étendu dans un pied de boue sur le glacis des fortifications. Nous sommes tous soldats aujourd'hui.

A l'heure même où les bataillons de la garde nationale se rendaient sur les boulevards pour assister à la revue passée par le général Trochu, le 116ᵉ, dont j'ai l'honneur de faire partie, prenait son poste de bataille aux bastions de Saint-Ouen.

C'était plaisir de voir tous ces braves citoyens marquer le pas comme de vieux soldats.

La plupart de nous recevaient leurs fusils lundi à quatre heures et demie. A cinq heures, nous nous rendions à l'exercice jusqu'à sept heures. Le mardi matin, à six heures, nous étions déjà à la manœuvre, à onze heures, nous prenions les armes pour passer la revue du commandant, à trois heures enfin, nous partions pour les fortifications, commandés pour un service de vingt-quatre heures ; tous les quatre jours, même corvée ou plutôt même fête.

Vous souvenez-vous de toutes les moqueries, de toutes les *blagues* dont on a poursuivi cette infortunée garde nationale ? Il y avait l'éternelle légende du citoyen qui, voyant un de ses voisins partir du pied gauche, tandis que l'autre préférait le pied droit, se demandait avec anxiété comment il devait faire pour n'imiter personne.

Aujourd'hui cela est bien changé. Jeunes, vieux, nous manœuvrons tous comme des grenadiers, et c'est la *Marseillaise* aux lèvres que nous partons pour les fortifications.

Pas un homme ne prend un instant de repos. Nos soldats se sont laissé surprendre par l'ennemi, il ne faut pas que les Prussiens trompent la vigilance de nos gardes nationaux. Les patrouilles, les rondes, se succèdent ; pour un soldat que l'on demande, il s'en présente vingt.

La pluie tombe drue et serrée. Bast ! on se reposera plus tard.

A deux heures du matin, une violente détonation retentit.

— C'est le canon !

Et chaque homme saute sur son fusil.

Tudieu! la belle troupe! quel entrain et quelle joie!

Malheureusement, ce n'est qu'une fausse alerte!

Comme bien vous le pensez, on ne se fait pas faute de causer et de raconter les exploits de nos héroïques soldats.

Deux faits me sont affirmés avec assez d'insistance pour que je croie devoir vous les transmettre.

A Lagny, des habitants auraient crénelé trois maisons, épuisé leurs munitions, puis se seraient fait sauter aux cris de *Vive la République!*

Les Prussiens avaient embarqué leurs plus gros canons à bord de bateaux destinés à débarquer les terribles engins non loin de Paris, mais des torpilles adroitement placées auraient fait couler les canons.

On m'assure enfin qu'un Américain, Jonathan..., l'autre nom m'échappe, le Vauban des États-Unis, aurait, après un examen attentif des fortifications, déclaré que Paris était absolument imprenable.

Un mot encore en terminant. Il m'est venu, sur le rempart, une idée que je crois essentiellement pratique.

Pourquoi n'imiterions-nous pas les Belges qui, en très-peu de temps, arrivent à dresser des pigeons qui parcourent des distances énormes? Nous avons tous lu dans les journaux les exploits de ces intelligents oiseaux. Ce sont de véritables courses, au sujet desquelles des paris considérables sont engagés.

Quatre ou cinq heures suffisent aux pigeons pour venir de Paris à Bruxelles, et sur quarante ou cinquante, deux ou trois à peine s'égarent.

Quels services ne nous aurait pas rendus ce moyen si simple de communication, si on y avait songé au début de la guerre !

Bazaine ne serait pas si loin de nous aujourd'hui, si nous pouvions lui faire savoir combien la défense de Paris sera énergique.

Mac-Mahon peut-être aurait renoncé à son plan si funeste pour la France, si les communications n'avaient pas été interrompues.

Il est trop tard pour empêcher ces désastres, soit, mais il est temps de s'opposer à de nouveaux malheurs.

Si Paris est investi par l'ennemi, comment pourrons-nous correspondre avec nos généraux ? Qui organisera la défense sur la Loire, dans le Nord, partout enfin ?

Le moyen que j'indique, si simple et si facile, me semble répondre à ces objections.

Il a le mérite de ne rien coûter, et ce n'est pas là une mince considération.

Qu'on ne m'objecte pas que les pigeons peuvent tomber aux mains des Prussiens. Ce serait là un ennui sérieux, non un malheur, car il serait facile d'imaginer des signes assez compliqués pour que l'ennemi ne pût ni les comprendre, ni les imiter.

Paris, 16 septembre 1870.

Une idée très-juste vient de m'être suggérée. La garde nationale est appelée à faire des sorties; ou du moins, si le mot paraît trop ambitieux, à s'avancer en dehors des remparts. Plusieurs d'entre nous seront donc certainement faits prisonniers.

Or, nous connaissons la manière expéditive des Prussiens. Tout homme pris les armes à la main est fusillé sur place, lorsqu'il ne peut justifier qu'il est soldat.

Comment les gardes nationaux prisonniers établiront-ils leur qualité ?

Les trois quarts d'entre nous n'ont pas d'uniforme.

Ne pensez-vous pas qu'il y aurait lieu d'adopter une mesure très-simple qui présenterait encore de sérieux avantages ?

Les mairies de Paris distribueraient à chaque citoyen enrôlé dans la garde civique un livret qui établirait sa qualité.

C'est seulement après avoir minutieusement examiné les livrets de tous les mobiles pris à Vitry-le-Français que le général prussien est revenu sur sa résolution barbare de faire fusiller les prisonniers.

En outre, les espions qui, paraît-il, affectionnent tout particulièrement le costume de garde national, seraient obligés de renoncer à ce déguisement, car la simple demande de leur livret ferait reconnaître leur triste identité.

Cette précaution ne serait pas inutile, s'il est vrai, comme on me l'affirme, que cinq ou six factionnaires de la garde sédentaire, placés la nuit sur les remparts, ont été tués ou blessés par des Prussiens qui avaient pu s'approcher d'eux grâce à leur costume.

Enfin, cette pièce officielle servirait, la bataille finie, à désigner ceux qui sans motif avouable ont déserté Paris à l'heure du combat.

Avant peu, nous allons procéder à des élections d'autant plus importantes qu'elles mettront fin aux agitations stériles, en déterminant nettement quelle forme de gouvernement la nation prétend adopter.

N'est-il pas juste que ceux-là seuls soient appelés à voter qui ont fait acte de civisme en se battant sur les remparts ? Quant à ceux qui, au moment du danger, ont abandonné leur poste, ils ne doivent plus être comptés comme citoyens.

Tout droit, disait très-justement la constitution de 1791, est corrélatif d'un devoir. Ceux qui n'ont pas rempli leurs devoirs ne peuvent exercer leurs droits.

Il serait par trop bizarre, par exemple, que le maire d'Épernay, qui a lâchement abandonné sa ville et trahi ses concitoyens, eût la faculté de venir déposer son bulletin dans l'urne, au même titre que les braves ouvriers qui ont défendu la gare à coups de pics et de marteaux.

On me signale à propos des maires des faits tellement monstrueux que je n'oserais les imprimer, si je n'avais pas moi-même été témoin de semblables lâchetés.

Dans plusieurs villes à quelques lieues de Paris, les maires auraient fait proclamer que tout citoyen qui tirerait sur les Prussiens *serait fusillé*.

Dans cinquante localités, le maire a fait désarmer les gardes nationaux huit jours avant l'arrivée de l'ennemi, afin d'empêcher toute tentative de résistance.

Pendant que j'étais à Reims, le fait suivant m'a été raconté. Deux braves paysans, apprenant que trois uhlans se reposaient non loin de leur village, parvinrent à s'emparer de ces ennemis.

Triomphalement ils se rendirent à la mairie avec leurs prisonniers. Le maire ordonna aux habitants de délier les Prussiens et les fit remettre en liberté, malgré l'énergique résistance de quelques citoyens indignés.

L'Empire se contentait de révoquer ces infâmes fonctionnaires; la République aura-t-elle la même faiblesse ?

Il faut bien comprendre que le paysan a un rôle important à jouer. Lorsque l'armée prussienne, si elle est repoussée de Paris, se mettra en retraite, il faut que chaque bouquet d'arbres, chaque buisson abrite un fusil.

De tous ces envahisseurs, pas un ne doit repasser la frontière.

Pour cela, le Gouvernement de la défense nationale doit prendre des mesures énergiques.

Nous sommes en guerre, la France tout entière est en état de siége : ce sont les tribunaux militaires qui doivent juger. Un maire, en ce moment, a la même responsabilité et quelquefois la même importance qu'un commandant de place. S'il abandonne lâchement son poste, s'il trahit, il ne s'agit plus de le révoquer, mais de le faire passer devant un conseil de guerre.

En terminant, pour nous reposer de toutes ces lâchetés, laissez-moi vous raconter un acte héroïque qui m'est garanti par un soldat de Mac-Mahon.

Pied à pied, les régiments écrasés par les obus reculaient vers Sedan.

Soudain, au plus fort de la mêlée, à 100 mètres de l'ennemi, les soldats s'arrêtent. C'est qu'une même pensée est venue à ces hommes d'acier.

Ils peuvent mourir ; mais que deviendra le drapeau ?

Le cœur saigne à la pensée que ce glorieux trophée va tomber dans les mains de l'ennemi.

Que faire ?

Le temps presse : comme une meute acharnée, les dragons sont sur les flancs de la colonne ; la mitraille abat des files entières.

Alors une idée sublime vient à l'un de ces héros. La fumée est telle qu'à trois pas on ne peut rien distinguer.

Un soldat tire un couteau de sa poche et coupe

la glorieuse étoffe en cent morceaux. Chacun cache sur sa poitrine un lambeau.

Puis, la baïonnette au bout du fusil, ils se précipitent sur l'ennemi; les trois quarts tombent, mais quelques-uns parviennent à traverser les lignes ennemies.

De Sedan à Paris, la route est longue à travers les uhlans. N'importe, ils arrivent, et leur premier soin est de recoudre tous ces lambeaux informes.

Le drapeau compte plus d'un trou : c'est la place des morts.

Tel qu'il est, il flottera encore glorieux au-dessus du brave régiment.

---

20 septembre.

Le premier combat sous les murs de Paris vient d'avoir lieu, et le résultat n'a malheureusement pas été satisfaisant.

Au sud de Paris, en avant des forts de Vanves et de Montrouge, se dresse le plateau de Châtillon. Haut de 162 mètres (au moulin de la Tour) le plateau domine tous les environs ; sur ses derrières il domine et surveille tous les bois, il est protégé en avant par le village de Bagneux. Maître de cette position, on peut défier l'ennemi retranché dans les bois, et notre artillerie peut envoyer ses obus jusque dans Choisy-le-Roi, ainsi que dans les villages qui s'étendent aux pieds de la colline. Il était donc d'une importance extrême de conserver à tout prix cette position; malheureusement les travaux n'avaient pas été poussés avec assez d'activité et la redoute de Châtillon, inachevée, sans canons, ne pouvait nous offrir aucun appui.

Depuis plusieurs jours l'ennemi tournait autour de la hauteur. Masquant habilement leurs mouvements derrière les bois, les Prussiens réunissaient à la hâte des forces considérables.

Une reconnaissance envoyée il y a deux jours signala ces mouvements.

Il était dès lors urgent d'agir.

Le général Ducrot prit le commandement de quatre divisions et fit commencer le feu dès le point du jour.

Les Prussiens ne répondirent pas d'abord à notre artillerie. Peu à peu leurs troupes, un instant surprises, se formèrent en lignes et ouvrirent contre nous un feu terrible. Notre droite eut surtout à souffrir de cette fusillade d'autant plus meurtrière que caché derrière les arbres, l'ennemi ne se montrait pas et tirait à coup sûr.

Vers dix heures, l'artillerie prussienne ouvrit le feu avec une telle violence que notre droite, malgré tous les efforts des officiers, se mit en retraite. Le régiment provisoire des zouaves donna le signal, et nos soldats se débandèrent rapidement. Ce n'était là sans doute qu'une panique bien excusable de la part de jeunes troupes, mais cette débandade, en nous forçant à la retraite, devait avoir de désastreuses conséquences.

Nos pertes sont minimes; heureusement pas une de nos pièces de canon n'est restée au pouvoir de l'ennemi, grâce au dévouement et à l'énergique bravoure de nos artilleurs, mais la hauteur de Châtillon n'est plus à nous. C'est le point le plus rapproché du rempart qu'occupe l'ennemi.

Cette triste journée aura du moins donné à nos mobilisés l'occasion de se montrer. Un bataillon de la Seine et deux bataillons bretons ont tenu tête héroïquement à l'ennemi et fait le coup de feu comme de vieilles troupes.

---

30 septembre.

Ce matin, à trois heures, les hommes de service frappèrent aux tentes qui se trouvent devant le fort de Bicêtre. On ne voulait pas sonner le clairon pour ne pas donner l'éveil.

La veille au soir, nos troupiers ne savaient pas qu'ils devaient donner, mais chacun comprit de quoi il s'agissait. En cinq minutes, tout le monde fut sur pied.

Le général Vinoy commandait les régiments qui se mirent en marche.

Pas de chants, pas de bruit.

C'était un spectacle saisissant que celui de ces troupes marchant silencieusement dans la nuit.

Au bout d'un quart d'heure environ, le 93e de ligne, déployé en tirailleurs, brûla ses premières cartouches. Sur notre aile gauche, les Prussiens ont été absolument surpris; quelques-uns d'entre eux ont été tués endormis.

La ligne de bataille était très-étendue et séparée par quelques villages où les Prussiens avaient crénelé les maisons; l'aile droite et l'aile gauche de notre petite armée ne pouvaient que difficilement communiquer.

Il faut dire d'ailleurs que l'avantage de la position était en notre faveur du moins du côté gauche : le canon des forts et de la redoute de Villejuif fouillant constamment les rangs ennemis.

Au premier coup de feu, l'aile gauche se porta en avant. J'ai distingué les 70e, 93e, 27e et surtout le 90e qui s'est vaillamment comporté. Il convient d'autant plus de signaler ce régiment, qu'à l'affaire de Châtillon quelques-unes de ses compagnies avaient lâché pied.

Malheureusement, l'aile droite rencontra plus de résistance. Conduits par le général de Guilhem, les 35e et 42e de ligne refoulèrent l'ennemi dans Chevilly. Les Prussiens se réfugièrent dans les maisons crénelées et ouvrirent contre nos troupes un feu d'une violence inouïe. Le général de Guilhem fut tué. Toute résistance devenait impossible, d'autant plus qu'à chaque minute, il arrivait à l'ennemi des renforts considérables.

Il est assez difficile de préciser les pertes essuyées par nos troupes. Je ne crois pas cependant exagérer en estimant à quatre cents le nombre d'hommes tués et à douze cents le chiffre des blessés. Le 90º de ligne seul a perdu plus de quarante-huit à cinquante-cinq hommes.

La plupart de nos blessés ont été transportés à Montrouge ; le collége des Jésuites, pour sa part, en a reçu près de cent cinquante.

Les Prussiens ont recueilli cinquante de nos blessés ; ils nous ont fait savoir qu'ils rendraient les soldats, mais garderaient les officiers. De leur côté, ils doivent avoir éprouvé des pertes sensibles. Un chirurgien m'assure que, contrairement à ce qui s'est passé chez nous, le chiffre des morts est chez eux proportionnellement bien supérieur à celui des blessés.

On me rapporte que le bataillon de marche du 35º de ligne a perdu la moitié de son effectif.

Quelles ont été les causes de ce combat ? Il en est trois que j'ai entendu citer ; je ne puis que les répéter, sans m'en porter garant.

D'après nos soldats, il s'agissait de donner la main au général de Polhès, qui attaquait en avant de Choisy-le-Roi. Je n'attache, pour ma part, aucune créance à cette version, mais ce bruit était si bien accrédité parmi nos troupiers, que, vrai ou faux, il mérite au moins d'être rapporté.

Quelques officiers supérieurs m'affirment que le combat de ce matin avait pour but de détruire le pont de Choisy-le-Roi. Ce pont n'ayant pu être coupé, les Prussiens faisaient passer de ce côté leurs approvisionnements.

Enfin, d'après une autre version, d'importants convois de bestiaux et de munitions se trouvaient arrêtés sur la ligne d'Orléans, à une distance assez peu éloignée de Paris. Les Prussiens ne s'en étant pas emparés, on aurait médité cette attaque qui, en débarrassant la ligne, aurait eu pour résultat de permettre l'entrée à Paris de tous ces convois.

Je me borne à signaler ces trois versions, tout contrôle étant impossible.

Maintenant peut-on considérer cette affaire comme un triomphe pour nos armes? Évidemment non. Nous n'avons pu parvenir à couper les communications de l'ennemi, et il nous a fallu nous mettre en retraite.

De là à une défaite, il y a loin cependant. Nous ne sommes plus au 19 : nos soldats ont une vigueur, un courage qui permettent d'espérer que bien conduits, ils ne tarderont pas à disputer et à gagner la victoire.

Je ne veux pas examiner si, comme on le dit, nous n'avions pas une artillerie suffisante. Je crois, et cette opinion est partagée par beaucoup de nos officiers, que le général Trochu n'a pas voulu donner à cette affaire les proportions d'une bataille. Il faut avant tout aguerrir le soldat, l'habituer à la fusillade et au sifflement de l'obus. Dans quelques jours, ce sera fait, et il sera possible alors de prendre sérieusement l'offensive......

Chaque jour amène le récit de nouvelles cruautés. Ici les Prussiens violent, là ils assassinent, partout ils pillent, volent, détruisent.

De plaines fertiles, ils font des déserts : les blés, les arbres, les maisons, tout est anéanti.

A lire les sinistres exploits de ces bandits, on croirait que la France combat les légions d'Attila !

Et ce sont les Allemands, les prudes Teutons qui baissaient pudiquement les yeux en entendant raconter nos fredaines, qui se conduisent ainsi !

Pour châtier tous ces mangeurs de choucroute, nous avons les canons de nos remparts, les baïonnettes de nos fusils !

Mais suffit-il de chasser ces hordes barbares, pour que le souvenir de toutes ces infamies disparaisse ?

La paix signée, tendrons-nous une main loyale à ceux qui se sont fait des armes de la déloyauté et de l'assassinat ?

Ils ont voulu, ces Germains stupides, détruire le nom français ! Ils ont bombardé Strasbourg, l'héroïque cité, ils ont passé comme une nuée de sauterelles sur nos plaines fertiles.

Par eux, la moitié de la France est ruinée pour vingt ans peut-être.

Ces souvenirs-là ne s'effacent pas.

Interrogez ceux qui ont vu la première invasion : ils vous raconteront les sinistres exploits de ces dignes alliés, les Prussiens et les Cosaques.

La paix signée, il faut que chaque Français conserve au fond du cœur le souvenir de l'injure!

Il faut que chacun de nous s'engage à ne jamais acheter à un marchand allemand, il faut que les patrons ne prennent pas dans leurs chantiers un ouvrier de la nation allemande. Il faut enfin que nos manufacturiers ne fassent rien venir d'au delà du Rhin.

Tant que l'Allemagne ne sera pas une nation maritime — et il s'écoulera longtemps sans doute avant que cela soit — elle ne pourra avoir de commerce sérieux qu'avec la France. Contre la nation parjure à tous les traités, oublieuse des lois de l'humanité et de l'honneur, il faut ressusciter le blocus continental.

En 1858, les Autrichiens défendirent aux Italiens de fumer d'autres cigares que les cigares allemands. De ce jour, pas un Milanais, pas un Vénitien ne uma.

N'aurions-nous pas la même énergie que les Italiens?

Nous savons que toute cette légion de bottiers, de tailleurs, etc., n'était pas occupée seulement à nous exploiter. Là où nous ne voyions que des industriels cherchant à vendre leurs marchandises aussi cher que possible, il y avait en réalité des espions.

Tous ces mouchards à tête carrée, que nous croyions occupés uniquement à nous prendre mesure d'une paire de bottes, scrutaient les moindres recoins de Paris, voyaient tout, rapportaient tout.

Par eux, la Prusse connaissait l'état exact de nos forces, la résistance que pouvait offrir chacune de nos villes.

On comprendra maintenant pourquoi sur la frontière, des légions d'ouvriers allemands envahissaient nos usines, se contentant d'un salaire minime.

De semblables faits ne doivent plus se reproduire.

Il faut que l'Allemagne ne trouve aucun débouché pour ses produits.

Contre elle qui s'est levée en masse pour nous voler et nous égorger, il faut que nous nous levions en masse, pour lui infliger la correction qu'elle mérite.

Tant que la guerre durera, nous aurons des balles dans nos fusils pour ces détrousseurs de grands chemins; la paix signée, il ne faut pas que le voleur disparaisse, et que tous ces industriels viennent reprendre chez nous leur industrie en partie double.

CHAPITRE VII

COMBATS DE BAGNEUX ET DE MONTRETOUT
LE BOURGET

12 octobre.

Nous sommes décidément sortis de la première phase du siége : les préparatifs des Prussiens semblent partout terminés, et nous pouvons nous attendre à de vigoureuses attaques.

Ce qui ressort nettement de cette première partie du siége, c'est que fort heureusement le temps des surprises est passé : dans les forts, nos marins se sont montrés supérieurs aux Prussiens comme justesse de tir et comme vigilance.

Hier matin, l'ennemi ayant menacé le fort de Bicêtre d'un bombardement, on a rassemblé des troupes : les régiments se succédaient, les batteries d'artillerie défilaient au galop ; chacun s'attendait à une attaque sérieuse.

En même temps, on surveillait avec attention la plaine de Gennevilliers.

Les Prussiens annonçant qu'ils avaient l'intention de bombarder Bicêtre, il paraissait probable qu'ils méditaient une attaque sur un autre point.

Aujourd'hui même, le bruit a couru qu'un corps d'armée ennemi avait quitté Argenteuil pour jeter un pont à Bezons : quant à Bicêtre, pas un boulet ennemi ne l'a encore atteint.

Les Prussiens d'ailleurs n'ont rien gagné à cette ruse de guerre, qui leur est si familière que j'admets peu que nos généraux en soient encore victimes.

Une reconnaissance importante avait été décidée pour aujourd'hui.

A une heure, l'ordre arriva, et un corps nombreux traversant l'avenue de Neuilly, se rendit au delà de Courbevoie.

Nos troupes comptaient environ 10,000 hommes, un régiment de zouaves, beaucoup de mobiles, parmi lesquels j'ai reconnu un bataillon de Bretons, et enfin une formidable artillerie ; quelques mitrailleuses se trouvaient au milieu des pièces.

Au moment même où la colonne se met en marche, le Mont-Valérien, qui depuis deux ou trois jours était resté inactif, se contentant d'envoyer quelques obus aux travailleurs ennemis, ouvre un feu bien nourri.

Pendant deux heures environ, les coups se succèdent sans interruption.

Le fort tire dans deux directions : les pièces qui

se trouvent en haut de la forteresse balaient Rueil, Bougival, Meudon.

Ce sont de formidables canons de 36 rayés n° 1.

D'en bas, nos marins envoient quelques boulets sur Saint-Cloud, afin d'empêcher l'ennemi de tirer sur notre colonne.

Ce grand déploiement de forces n'a pas amené des résultats importants.

Il a pu être constaté que les Prussiens établissaient de nombreuses batteries. L'une d'elles même a été démontée par le feu très remarquable de nos forts, mais l'ennemi s'est absolument refusé à accepter la lutte. A peine a-t-il daigné répondre à notre artillerie. Comme à contre-cœur, il a tiré trente coups à mitraille.

Un officier d'artillerie qui assistait à cette expédition m'affirme que l'ennemi a établi de formidables défenses en face de Chatou, en deçà de la Seine; mais je ne puis croire que nos francs-tireurs, chaque jour envoyés en expédition, ne nous aient pas signalé l'existence de ces travaux, qui nous menaceraient directement.

Quant aux pertes de l'ennemi, elles ont dû être assez sensibles : nos mitrailleuses n'ont, il est vrai, pu tirer que deux coups, mais notre artillerie a, de l'aveu de tout le monde, été admirablement servie. En outre, le Mont-Valérien a envoyé un grand nombre d'obus dans un bois qui, suivant l'expression d'un soldat, « était noir de Prussiens. »

En somme, la reconnaissance n'a, ainsi que je le

disais plus haut, pas eu grand résultat : elle n'a servi qu'à prouver l'élan de nos troupes, absolument remises d'un moment d'abattement que la capitulation de Sedan suffit à expliquer.

---

13 octobre.

Je vous écris à la hâte d'une petite maison isolée, située sur la route d'Orléans, à moins de cent mètres du fort de Montrouge.

Le canon ne tonne plus ; la retraite s'est opérée en bon ordre, et dans le lointain, du côté des Hautes-Bruyères et de Châtillon, quelques coups de feu isolés troublent seuls le silence.

Je suis à même de vous donner sur cette affaire les renseignements les plus exacts, car depuis le premier jusqu'au dernier coup de canon, j'ai été spectateur de cette lutte acharnée.

C'est à neuf et non à cinq heures du matin, comme on le dit, qu'un coup de canon, tiré par le fort de Montrouge, est venu donner à nos troupes un signal impatiemment attendu.

De la porte d'Orléans à la redoute des Hautes-Bruyères — dernier point que nous occupions — nos soldats sont massés, abrités derrière les replis de terrain.

A droite du fort de Montrouge, s'étend une longue plaine qui va jusqu'à Meudon ; en arrière se trouvent Bagneux et les hauteurs de Châtillon qui font face au plateau de Villejuif.

A neuf heures un quart, de toutes nos positions commence un feu terrible. L'ennemi ne répond que faiblement.

N'est-il pas prêt, ou nous réserve-t-il quelque surprise nouvelle ? C'est ce que l'on ignore.

Après une heure d'une violente canonnade, nos troupes s'élancent au pas de course. En tête, se trouvent les mobiles de la Côte-d'Or.

A la baïonnette, nos soldats abordent les positions ennemies avec une intrépidité qui semble de bon augure. En vain un bataillon prussien, surpris à l'improviste, lève la crosse en l'air ; trop de fois cette ruse a été employée par l'ennemi qui nous laissait approcher ainsi sans défiance, et nous fusillait à bout portant.

Le bataillon est impitoyablement chargé, dispersé.

D'un élan furieux, nos mobiles franchissent la distance ; ils entrent dans Bagneux.

Jusqu'à l'église, ils ne rencontrent aucune résistance sérieuse, mais, arrivés là, ils sont accueillis par une vive fusillade.

Des caves, des fenêtres, des greniers, l'ennemi tire sur nos soldats : chaque maison crénelée est une forteresse dont il faut s'emparer à tout prix.

On n'avance plus que pas à pas.

Heureusement, de nombreux renforts arrivent. Les 35e, 70e de ligne, 12e, 13e, 15e de marche entrent à leur tour dans le village.

La lutte se continue ainsi acharnée, de maison en maison, de rue en rue.

Enfin, à deux heures et demie, les derniers obstacles sont emportés, non sans pertes. Le comte de Dampierre tombe frappé d'une balle, et, couvert de sang, il crie encore à ses mobiles : « En avant! »

J'ai vu cet héroïque soldat, la poitrine traversée : une demi-heure après, il était mort.

Mais l'éveil est donné ; des villages voisins l'ennemi se précipite. Aux Bavarois succèdent les Hessois, puis les Prussiens. On voit cette fourmilière accourir de tous côtés.

La lutte ne peut se prolonger plus longtemps contre ces masses sans cesse renouvelées : la retraite commence, elle s'opère en bon ordre au milieu d'une fusillade terrible.

Le fort de Montrouge, qui pendant près d'une heure était resté silencieux, craignant de tirer sur nos troupes, recommence le feu.

Ses énormes pièces de marine envoient leurs obus par-dessus nos têtes.

En même temps, notre artillerie se met en bataille sur la route d'Orléans. Le feu est horrible : malgré cela, les Prussiens avancent.

A cent mètres du fort, je relève deux mobiles du 1er bataillon et un soldat du 70e frappés à mes côtés par des balles prussiennes.

L'ennemi s'est donc approché à moins de mille mètres de nos batteries.

A quatre heures tout était terminé.

Quel est maintenant le résultat de la journée ? Je suis assez embarrassé, je l'avoue, pour conclure.

Si nous voulions, comme le disaient nos officiers, reprendre le plateau de Châtillon et nous emparer de toutes les hauteurs qui nous menacent, nous avons absolument échoué.

Si, au contraire, cette forte reconnaissance n'avait pour but que de tenir l'ennemi en éveil et de l'amener sous le canon de nos forts, nous avons réussi.

En somme, et c'est là, je crois, l'opinion la plus sage et la plus vraie, cette affaire, sans être une victoire incontestée, n'en est pas moins bonne pour nous ; il est incontestable, en effet, que l'ennemi, tenu tout le temps sous le feu de nos batteries, a dû faire des pertes supérieures à celles que nous avons essuyées.

Nos soldats se montrent pleins d'ardeur et sont tout prêts pour une nouvelle attaque, qui il faut l'espérer, amènera des résultats plus complets.

Vers cinq heures, une trentaine de prisonniers pris du côté de Vanves sont conduits à la place par des mobiles.

Un peu plus tard, on en amène une nouvelle escouade dont on s'est emparé du côté de Clamart.

A mon retour du champ de bataille, en passant

par le Point-du-Jour, [je vois le château de Saint-Cloud en feu.

Deux obus tirés par le Mont-Valérien ont allumé l'incendie.

La canonnière Farcy a immédiatement envoyé des bombes qui propagent l'incendie. On voit distinctement les pans de murs s'écrouler.

Le bois de Saint-Cloud commence à prendre feu également.

Vers dix heures, l'incendie paraît diminuer d'intensité.

Plusieurs détails importants m'ayant échappé hier, je crois utile aujourd'hui de réparer cette omission.

L'attaque dirigée sur Châtillon a été plus vive encore que celle dirigée sur Bagneux. Les Prussiens avaient élevé là des barricades que nos soldats ont résolûment enlevées à la baïonnette.

Le sergent Aubé, du 14º de marche, est arrivé le premier au sommet de la barricade. Pendant quelques minutes, il est resté entouré d'ennemis. D'un coup de chassepot, il tua un officier bavarois, avec sa baïonnette il traversa la poitrine d'un capitaine ennemi.

Cet intrépide soldat est porté pour la croix.

Le 14º de marche ne compte que peu d'anciens soldats tirés des 100º et 45º de ligne : presque tous les hommes sont des recrues appelées depuis moins d'un mois sous les drapeaux.

Il y a deux jours, à Arcueil, je voyais manœuvrer

ce régiment, et je me disais que ces conscrits malhabiles, qui ne savaient pas distinguer la droite de la gauche, feraient triste figure au feu.

Eh bien ! ces recrues ont donné comme de vrais troupiers; ils ont crânement enlevé à la baïonnette les positions ennemies, et, lorsque la retraite a sonné, ils ont reculé pas à pas, emmenant avec eux quinze Bavarois.

Parmi ces prisonniers, se trouvait un officier dangereusement blessé. Le malheureux ne cessait de répéter : « Laissez-moi mourir, je veux mourir là. »

Les avant-postes ennemis se trouvent dans le cimetière, à 1,200 mètres environ du fort de Montrouge et de la première barricade occupée par nos mobiles sur la route d'Orléans.

On assure aussi que les Prussiens ont établi cette nuit deux nouvelles batteries, il est donc possible que le feu recommence de ce côté.

Nos soldats ont beaucoup remarqué, pendant l'action d'hier, l'aumônier en chef du 13ᵉ corps, qui se tenait à cheval en avant des lignes, insensible aux obus qui pleuvaient autour de lui.

Une de nos ambulances, — celle du nouveau collége Chaptal, je crois, — s'est avancée au milieu du feu jusqu'à l'église de Bagneux. Les soldats bavarois ont voulu retenir prisonniers deux ecclésiastiques qui étaient à quelque distance du groupe des infirmiers; mais, sur les explications données à l'officier bavarois, tout le personnel des infirmiers a été respecté et laissé libre de rejoindre nos lignes.

Ce matin, à onze heures, vous le savez, une suspension d'armes a été conclue, qui devait se terminer à cinq heures.

Plusieurs membres de l'Internationale ont profité de cet armistice pour fouiller tous les replis de terrain, afin de voir s'il ne restait pas quelques blessés. On en a trouvé deux ou trois qui avaient passé la nuit à la même place où ils étaient tombés.

On a découvert en même temps un Prussien dont la mort remontait à plus de dix jours. Le corps à moitié rongé de ce malheureux a été pieusement enseveli.

Une importante mesure vient d'être prise : nos marins et nos mobiles occupent leurs loisirs à creuser de profondes tranchées qui iront d'un fort à l'autre, formant ainsi, à 1,200 mètres des fortifications, une barrière que l'ennemi ne franchira pas facilement.

Un dernier détail, avant de terminer ces notes jetées au hasard sur le papier.

Au moment de la retraite, deux bataillons se trouvaient côte à côte, en avant du fort de Montrouge, l'un de la ligne, l'autre de mobile.

Sur l'ordre de leurs chefs, les soldats se jetèrent à terre, pour laisser passer une grêle de balles allemandes, les mobiles restèrent debout, regardant en face cet ouragan de fer qui, heureusement, ne nous causa aucune perte.

Je regrette de ne pouvoir vous donner le nom de

ce bataillon, digne d'être cité à côté des héroïques mobiles de la Vendée, de la Côte-d'Or et de l'Aube.

---

14 octobre.

Je viens de visiter le champ de bataille : tout est calme de ce côté ; nos mobiles s'occupent à arracher des légumes, et dans le fort de Montrouge les marins fendent du bois.

La route d'Orléans est barrée par trois ou quatre barricades ; en avant de la dernière, à 800 mètres environ, un mur peu élevé fait face perpendiculaire à la route. Arrivé à 30 mètres environ, je m'arrête brusquement : un canon de fusil est braqué vers moi ; une voix me crie en allemand je ne sais quelles paroles incompréhensibles. Enfin, un geste beaucoup plus clair m'indique qu'il est prudent de retourner en arrière.

Ce mur est celui du nouveau cimetière de Bagneux, fortement occupé par les Prussiens.

Nul ne se douterait que cette plaine si tranquille a été hier le théâtre d'une lutte acharnée; cela ne répond nullement à l'idée qu'on se fait d'un champ de bataille : pas un mort, pas une arme brisée, tout a été enlevé. De distance en distance, quelques flaques rouges, à moitié absorbées par la terre humide : voilà tout.

Et cependant, de ce côté, l'action a été acharnée, nos batteries ont tiré sans relâche, balayant la route occupée par les Bavarois.

J'ai entendu le dernier coup de canon, j'étais là quand le premier a été tiré : à la suite de nos héroïques mobiles, j'ai pénétré dans Bagneux, je puis donc vous donner encore quelques détails minutieusement exacts, parce qu'ils ont tous été vus.

Dans quelques lignes tracées à la hâte, je vous racontais, hier, le début de l'affaire : nos troupes, massées du fort de Montrouge à la redoute des Hautes-Bruyères, avaient, sur le signal donné par le canon, opéré un mouvement à droite, s'avançant ainsi sur Bagneux et sur Châtillon.

La montée très-dure fut gravie au pas de course sous une pluie de balles ; les Bavarois, qui se trouvaient en face de nous, n'avaient heureusement pas d'artillerie, sans quoi notre colonne eût été exterminée.

Le cimetière occupé, nos troupes s'avancèrent résolûment : le 10ᵉ et le 3ᵉ mobiles marchaient en tête, soutenus par le 36ᵉ de ligne — cet héroïque régiment qui avait été décimé le 30 septembre.

Une compagnie du 35ᵉ, voulant prendre le plus court, essuie le premier feu : le lieutenant tombe percé de deux balles devant une maison.

A ce moment, la 7ᵉ compagnie du 10ᵉ mobile arrive au pas de course.

Le lieutenant du 35ᵉ, frappé à mort, se soulève péniblement :

— Vengez-nous, s'écrie-t-il.

Les mobiles s'élancent sans tirer un coup de feu : Le capitaine Bizoard enlève ses hommes par son entrain et son intrépide bravoure.

De toutes les maisons, un feu bien nourri reçoit nos soldats qui se battent comme des lions : pendant une heure, les Bavarois défendent le terrain pied à pied.

Mais à la 7ᵉ compagnie du 10ᵉ, sont venus se joindre le 35ᵉ et la 4ᵉ du 3ᵉ (capitaine Deresse), et la 1ʳᵉ du 3ᵉ (capitaine Cruseret). Cette dernière compagnie fait trente prisonniers réfugiés dans une cave.

Un détail bien caractéristique m'est signalé.

A la vue de nos mobiles, les Bavarois jetèrent leurs armes, puis se précipitèrent à genoux.

L'un d'eux demanda timidement dans combien de temps on allait les fusiller.

Le capitaine Cruseret répondit qu'il ne leur serait fait aucun mal.

— Pas de mal ! pas de mal ! répétait celui des prisonniers qui connaissait quelques mots de français.

Le malheureux craignait de mal comprendre. Lorsqu'il fut enfin bien persuadé de la générosité des vainqueurs, il parla en allemand à ses camarades, et tous se précipitèrent devant le capitaine, *lui baisant les mains.*

Tout ceci est textuel : il est donc hors de doute que les Prussiens persuadent à leurs alliés que les Français fusillent leurs prisonniers.

Pendant que nos mobiles se rendaient maîtres de Bagneux, une colonne d'attaque quittait la redoute des Hautes-Bruyères et les hauteurs, pour se diriger au pas de course vers le plateau de Châtillon.

De ce côté, la lutte fut particulièrement vive : nos forts, réduits à l'impuissance par la présence de nos soldats, ne pouvaient protéger l'attaque.

Enfin, vers les deux heures, le 14ᵉ de marche, soutenu par le 90ᵉ, le 75ᵉ et le 42ᵉ de ligne, parvint à s'emparer de deux barricades. Toutes nos troupes, débusquant du village, s'avancèrent vers l'extrême hauteur.

Il était deux heures et demie.

Vainqueurs à Bagneux et à Châtillon, nous pouvions considérer la journée comme glorieuse et importante : soudain, le canon des forts retentit sans relâche.

Que se passe-t-il donc ? et pourquoi cette canonnade ? Un aide de camp du général Trochu passe devant nous au galop, et, sur toute la ligne de feu, nous entendons les clairons sonner la retraite.

Des masses profondes débouchaient sur l'extrême hauteur, menaçant à la fois ceux de nos soldats qui occupaient Châtillon et ceux qui s'étaient rendus maîtres de Bagneux.

Le temps pressait. Nos troupes reculèrent lentement, comme à regret : plus de vingt mobiles du 10° bataillon restèrent à Bagneux un quart d'heure après les autres.

Pour regagner leur poste, ils durent passer sous une grêle de balles.

— Mon capitaine, disaient-ils, nous n'avons pas entendu sonner la retraite.

Le capitaine souriait ; ce sont là de ces délits que l'on ne punit pas bien sévèrement chez nous.

Les marins sortirent du fort pour protéger la retraite; en même temps les quarante-huit pièces du 4° d'artillerie se postèrent sur la route d'Orléans et ouvrirent le feu à moins de 1,500 mètres contre les Prussiens qui avançaient toujours, débordant nos troupes.

A quatre heures, nos premiers soldats étaient rentrés dans le fort, où se trouvaient à l'abri.

Cette retraite s'est opérée avec un ordre admirable, et la panique eût été là d'autant plus excusable que le feu de l'ennemi était terrible.

Pendant que s'opérait la retraite, nos canons de marine tiraient sur les hauteurs de Châtillon, afin d'empêcher les Prussiens d'établir leurs batteries.

Nos pertes sont relativement peu sensibles. A Bagneux, le 10° bataillon de mobiles a le plus souffert : ce matin, cinquante hommes manquaient à l'appel. Il est vrai que, dans ce nombre, il faut compter une quinzaine de soldats faits prisonniers lors du retour des Prussiens.

Le 35ᵉ n'a perdu qu'une dizaine d'hommes et un lieutenant.

Le 14ᵉ de marche a été le plus éprouvé sur les hauteurs de Châtillon. Son lieutenant-colonel a eu la poitrine traversée.

Les autres régiments ont relativement peu souffert.

---

22 octobre.

L'attaque d'hier s'étendait depuis le fort de Bicêtre jusqu'à la Briche, présentant ainsi une ligne de feu considérable. Nous n'avions réellement en vue que la série de hauteurs qui s'étend en face du Mont-Valérien.

Constatons tout d'abord que, quels que soient les résultats de cette affaire, que nous ne pouvons apprécier dans son ensemble, l'action a été engagée dans les meilleures conditions.

Les deux combats du 30 septembre et du 13 octobre nous ont servi de leçon, en nous faisant connaître la tactique des Prussiens.

Nous avions eu dans ces deux affaires le tort immense de n'attaquer que d'un côté, permettant ainsi à l'ennemi de concentrer rapidement ses troupes et de les porter vers l'endroit menacé.

Le feu violent de nos forts, en dissimulant hier à l'ennemi jusqu'au dernier moment le point précis que nous voulions attaquer, ne lui a pas permis d'opérer son mouvement habituel.

La chose eût été d'ailleurs impossible, car de Chevilly à Saint-Denis, deux points extrêmes, il fallait passer sous notre feu. Il suffit d'énumérer succinctement nos batteries pour montrer que les Prussiens ne pouvaient sérieusement songer à se masser.

Redoute des Hautes-Bruyères, forts de Bicêtre, Montrouge, Vanves, Issy, Mont-Valérien, redoute du Mont-Valérien, batterie de Courbevoie, redoute de Saint-Ouen, batterie du parc, fort de la Briche. De toutes ces formidables pièces, les projectiles n'ont cessé d'écraser l'ennemi.

Sur notre extrême gauche, le général Vinoy simula une attaque sur les hauteurs de Châtillon.

Les Prussiens devaient d'autant plus croire à la réalité de ce mouvement qu'ils savent toute l'importance que nous attachons à cette position. En outre, une reconnaissance des mobiles de la Côte-d'Or, envoyée la veille, devait les tromper.

De ce côté, tout s'est borné à une violente canonnade et à des mouvements stratégiques opérés par grandes masses en avant de Cachan et du côté de Bagneux.

A Saint-Ouen et sur la gauche de Saint-Denis, même tactique.

Le général de Bellemare, avec huit ou dix mille hommes, simula une attaque sur les buttes d'Orgemont et Sannois, afin de laisser au général Ducrot toute sa liberté d'action.

De ce côté, toutes nos batteries criblèrent d'obus les positions ennemies. Les pièces de Montmartre ne dédaignèrent pas de tirer. A une heure environ, une formidable détonation fit trembler les maisons, c'était la batterie de Montmartre qui se mêlait à la fête. Je me trouvais en ce moment du côté de Saint-Ouen, parcourant rapidement l'enceinte, afin de mieux apprécier l'ensemble de l'opération. Je fus, comme tout le monde, assourdi par cette formidable détonation.

J'arrive à l'affaire principale :

Depuis cinq à six jours déjà, cette action était préparée, son importance était telle que rien n'avait été négligé. Si nous réussissions, en effet, nous forcions l'ennemi à reculer, nous abandonnant toute cette ligne de hauteurs qui enserrent et dominent Paris, au point même où il est le moins fortifié.

Le Point-du-Jour et Saint-Ouen, vous le savez, étaient nos deux côtés faibles : l'attaque d'hier, en refoulant les Prussiens du côté de Montretout, de Rueil et d'Argenteuil, devait nous dégager et éloigner tout danger.

L'élite de nos troupes avait été confiée au général Ducrot : les deux régiments de zouaves étaient présents.

En avant de la redoute en terre de Montretout, trois batteries de mitrailleuses avaient été placées, elles ont fait à l'ennemi beaucoup de mal.

Rien ne peut donner une idée des travaux exécutés de ce côté par les Prussiens : des blocs énormes de pierre avaient été transportés à des distances considérables, des retranchements creusés, des murs en terre élevés. Montretout était devenue une véritable forteresse que nos intrépides mobiles ont enlevée courageusement. La forteresse du Mont-Valérien avait éteint le feu de l'ennemi.

Au château de la Malmaison, la lutte n'a pas été moins vive. De ce côté, étaient engagés les 99e de ligne, 75e, les francs-tireurs qui ont été très-éprouvés, et, enfin, un bataillon de cet héroïque 35e qui, massacré à l'Hay, a tenu à avoir, cette fois encore, sa part de danger et de gloire.

Les 19e, 36e, 16e de marche étaient aussi en ligne. Les pertes des Prussiens sont importantes ; les nôtres malheureusement ont été en proportion de l'acharnement de la lutte.

Je cite quelques chiffres au hasard.

Le 99e a eu une dizaine de blessés.

Le 35e, deux morts, cinq blessés environ, un officier hors de combat.

Le 70e, un officier et quatre hommes tués, une dizaine de blessés.

Les francs-tireurs de la Seine ont perdu un capitaine, un lieutenant et vingt hommes.

Un fait qui m'a été affirmé par un officier d'artillerie prouvera combien l'action a été chaude sur certains points.

A la lisière du bois de la Malmaison, une compagnie de la garde royale se fit massacrer plutôt que de reculer. L'officier français, désespérant, à cause du petit nombre de ses soldats, de triompher de cette résistance, fit avancer une mitrailleuse. Quarante Prussiens se précipitèrent dessus pour s'en emparer. Nos artilleurs firent feu à moins de cent mètres ; pas un seul des ennemis ne se releva.

Sur la route de Rueil, une batterie de mitrailleuses avait été placée ; elle n'a pas eu l'occasion de donner.

Il est à peu près positif que les Prussiens ont mis le feu au château de Villeneuve. Cette magnifique propriété était, on le sait, réunie au parc de Saint-Cloud. Napoléon l'avait, il y a quinze ans environ, achetée au duc Decaze.

J'ai des détails assez précis sur l'état de nos tués et blessés.

Nos ambulances parvenues à la Jonchère et à la Malmaison ont trouvé cent morts environ et quatre à cinq cents blessés, tant Prussiens que Français.

A ces deux endroits seulement, on a vu des blessés et des morts ennemis ; sur tous les autres points, ils avaient été enlevés avec une prodigieuse rapidité.

Les ambulances de l'armée et celles de la presse ont ramené une centaine de blessés ; celles de l'Internationale, cinquante. Les Prussiens nous ont pris cinquante blessés qu'ils refusent de nous rendre ; ils ont enterré plusieurs de nos morts.

31 octobre.

J'arrive du Bourget, navré de tout ce que je viens de voir, et à peine rentré dans Paris j'apprends l'horrible nouvelle de la reddition de Metz.

Tout cela est si lugubre que je n'ose coordonner mes notes, et que je me borne à vous envoyer à la hâte quelques mots.

Les francs-tireurs de la presse, vous le savez, s'étaient, il y a quelques jours, emparés de ce village, placé directement sous le feu du fort d'Aubervilliers, mais d'une importance réelle cependant, car, grâce à sa position, nous avions une avancée dans les lignes ennemies qui se trouvaient coupées.

Le général de Bellemare, commandant la garnison de Saint-Denis, en jugea sans doute ainsi, car il envoya pour soutenir les francs-tireurs deux bataillons de mobiles de la Seine, les 12º et 14º. Malheureusement, on renouvela l'erreur funeste qui nous avait déjà causé tant de pertes : on négligea de soutenir la brigade d'occupation par de l'artillerie. Une barricade fut construite à la hâte : deux pièces de quatre, dissimulées derrière un épaulement, ouvrirent le feu, mais dès les premiers moments de la lutte, il fut facile de reconnaître notre infériorité. L'ennemi, au lieu de songer à prendre ces maisons une à une, avait mis en batterie quarante pièces qui nous accablaient d'une pluie de fer. Nos mobiles soutinrent la lutte toute la journée d'hier : on espérait des renforts, et l'on comptait sur l'artillerie qui ne pouvait manquer de venir de Saint-Denis. Rien ne vint. Nos soldats ne pouvant plus tenir dans la rue, se réfugièrent derrière la barricade, puis voyant les pavés dispersés par les obus, ils entrèrent dans les maisons. Les Prussiens n'eurent que la peine de faire prisonniers ces malheureux qui, seuls, sans espoir de renfort, n'avaient d'autre ressource que de jeter leurs armes et de se rendre. Quelques officiers firent preuve d'un grand courage, entre autres le commandant Baroche qui se fit tuer.

Hier soir, une hideuse nouvelle courait Paris ; on disait que les grenadiers et les voltigeurs de l'ancienne garde qui forment aujourd'hui le 28ᵉ de marche, *s'étaient sauvés*. C'est là une calomnie. L'ordre de la retraite n'a pas été donné, ou du moins personne ne l'a entendu ; chacun a donc dû pourvoir à son salut personnel.

Le directeur de l'ambulance de Saint-Denis se rendit hier auprès de l'ennemi pour demander la remise de nos blessés. Le commandant prussien remit sa réponse à ce matin.

A cinq heures, il fit répondre que les blessés français étaient transportés à Gonesse ; il était prêt à nous rendre nos morts, à la condition que le général de Bellemare s'engagerait à ne pas faire tirer pendant tout le temps que durerait la remise des corps : le général n'a pas consenti.

Le commandant prussien a dit à nos parlementaires : Vos officiers se sont conduits hier en héros.

Le capitaine Gérard du 14ᵉ bataillon n'a pas reparu avec des fractions des 1ʳᵉ, 3ᵉ et 5ᵉ compagnies. Tout fait espérer que ces mobiles ne sont que prisonniers.

CHAPITRE VIII

L'HAY — CHAMPIGNY — VILLIERS

29 novembre.

La prise de Metz a sans doute modifié les plans, peut-être même détruit les espérances du général Trochu, car le mois de novembre s'écoule sans bataille. Le canon gronde sans cesse, mais pas un combat sérieux n'est engagé.

L'opinion publique s'élève contre cette inertie avec tant de vigueur que les indécisions de nos généraux disparaissent. Aujourd'hui enfin, la série des opérations militaires est commencée.

Avant de mettre le lecteur au courant des diverses phases de ce grand drame, il importe de se prémunir contre une erreur trop accréditée qui pourrait lui donner de notre situation militaire une idée absolument fausse.

Une action aussi décisive que celle qui se prépare ne s'engage pas brusquement, sans transition. Il faut dans vingt combats surprendre, tromper l'ennemi, avant de livrer la dernière bataille.

Il faut, et c'est là le plus grand talent d'un général, savoir, sur un point, sacrifier quelques hommes, quelques compagnies pour attirer l'attention de l'adversaire et profiter des faux mouvements qu'on l'oblige à faire.

De quelle façon l'attaque sur l'Hay et sur Chevilly se rattache-t-elle au plan général ? C'est ce que nous ne savons pas ; mais avant tout il faut bien se mettre en garde contre toute exagération, lorsqu'il ne s'agit, après tout, que d'une démonstration destinée à masquer à l'ennemi le mouvement principal.

A minuit environ, le feu a commencé. De Bicêtre, Montrouge, les Hautes-Bruyères, Arcueil, les boulets et les bombes pleuvent sur l'Hay et Chevilly. Vers deux heures du matin, les forts cessent de tirer ; à quatre heures du matin, ils reprennent avec une nouvelle vigueur. Ce feu convergent a dû causer à l'ennemi des pertes réelles : au dire de nos artilleurs, jamais pareille canonnade n'avait été entendue.

Chose étrange : du côté de l'ennemi, pas une détonation ; nos marins fouillent avec la lunette le plateau de Châtillon ; rien ne bouge, pas un homme ne se montre.

A six heures, une colonne d'attaque est lancée sur l'Hay ; elle est peu importante, sept mille hommes au plus. Le général Vinoy dirige le mouvement.

En tête marche le 110ᵉ de ligne, puis vient le 4ᵉ bataillon du Finistère, le 112ᵉ de ligne et le 70ᵉ. D'autres régiments forment la réserve.

L'ordre est donné d'aborder l'ennemi à la baïonnette : sur toute la ligne, pas un coup de feu. Nos troupes marchent lentement. En avant, dans la brume, se présente l'Hay avec ses maisons sombres.

A quelque distance, on peut juger des ravages causés par notre artillerie, les murs sont percés; çà et là des débris fument.

Partout la solitude, le silence. De Bicêtre et Montrouge, nos marins suivent tous les mouvements avec leurs puissantes lunettes.

Le moment est solennel.

Nos troupes franchissent une première barricade, puis, inquiètes de ce silence de mort, elles s'élancent.

A vingt pas des tranchées profondes creusées par l'ennemi, une fusillade terrible renverse nos hommes. Toutes les maisons sont crénelées, et de ces murs percés comme des écumoires, on voit sortir les feux des fusils. L'ennemi tire à bout portant; deux fois nos soldats franchissent les tranchées, ils arrivent jusqu'à 3 ou 4 mètres des maisons, deux fois cette fusillade terrible, incessante, les ramène en arrière.

On tire de si près que les balles brûlent la peau avant de la trouer.

Il est impossible d'enlever cette position : la retraite sonne.

Au premier signal du clairon, tous nos forts, outes nos redoutes recommencent leur feu croisé sur l'ennemi, afin d'empêcher qu'il ne poursuive nos soldats.

Nos pertes sont relativement sérieuses, le 110ᵉ de ligne a particulièrement souffert. Plusieurs de nos soldats qui s'étaient trop avancés ont été faits prisonniers.

Parmi les officiers tués ou blessés, je dois citer M. de Réal, commandant du 4ᵉ bataillon du Finistère, blessé d'une balle au pied. Le capitaine Dulou du même bataillon a eu la poitrine traversée et la mâchoire fracassée. Le commandant de Christiani de Ravarein du 110ᵉ de ligne a été blessé, le lieutenant Carré du 70ᵉ a reçu une balle dans les reins.

A l'attaque de la première barricade, le capitaine Fabre reçut deux blessures; l'ennemi était à dix mètres; les balles pleuvaient comme grêle. Pourtant un héroïque soldat du 70ᵉ, le caporal Pierrot, s'élance et s'efforce de panser son capitaine; puis, voyant que c'est là une besogne impossible, il charge le blessé sur ses épaules et revient à pas lents, s'appuyant sur son fusil.

Dévouement inutile, le capitaine Fabre était mort.

Le malheureux était adoré de son régiment; il laisse six enfants.

Il paraît certain qu'outre les Bavarois une partie de la garde royale se trouvait à l'Hay. Il est probable, en outre, que des Badois ont tiré sur nous, car il est malheureusement certain que plusieurs de nos soldats ont été blessés par des balles explosibles. Le fait a été constaté par nos chirurgiens.

La retraite s'est effectuée en bon ordre, sous le feu terrible de nos forts ; l'ennemi n'a pas osé nous poursuivre.

A dix heures du matin, tout était terminé, nos forts tiraient seuls ; à onze heures, un silence de mort succède au fracas de la lutte, et l'on s'occupe alors de part et d'autre de relever les blessés.

Je ne sais si une trêve de quelques heures a été obtenue, mais jusqu'à une heure environ, pas un coup de feu ne retentit.

Sur le plateau de Villejuif, à côté de la redoute des Hautes-Bruyères, un triste spectacle s'offre à nos yeux. Sous des tentes, nos blessés sont étendus. Bien peu se plaignent de ces pauvres victimes.

Pâles, couverts de boue, le rude drap d'uniforme collé sur leurs plaies qui saignent, ils attendent stoïques qu'on puisse les panser. Pas un gémissement, pas un cri, et cependant la route est longue, la côte escarpée. Il a fallu gravir cette hauteur terrible de Villejuif. N'importe, debout ou couché, le soldat de la France, le soldat de la République affirme son courage et son indomptable énergie.

Et maintenant, le lecteur ne manquera pas de se demander : pourquoi cette attaque a-t-elle échoué ? Pourquoi n'avons-nous pas, au lieu de sept mille soldats, mis vingt, trente mille hommes pour enlever la position ?

Pourquoi ?

Parce que nous n'avions pas besoin de l'Hay et de Chevilly; ces deux villages ne représentent rien, ne sont rien; adossés au pied d'une montagne, ils sont commandés par elle et en dépendent. Sacrifier une compagnie pour prendre l'Hay eût été une folie. Sans Châtillon, sans ce formidable plateau qui reste calme et tranquille au milieu de la tempête, ces positions ne seraient rien.

Je le répète, il ne s'agit que d'une démonstration, que d'une fausse attaque : dire que nous avons échoué, que nous avons été battus parce que nous ne nous sommes pas emparés de ces deux villages, c'est avancer un non-sens.

Certes, si le général Vinoy qui commandait l'avait voulu, nous aurions pris ces deux amas de maisons; il en eût coûté beaucoup de sang, et ce sang eût été versé inutilement.

En ordonnant la retraite il a fait sagement; il avait attiré l'attention de l'ennemi de son côté; la présence de la garde indique que de Versailles il était venu des renforts attirés par le canon de nos forts.

Croit-on que s'il s'était agi d'une attaque sérieuse nous aurions si vigoureusement hier soir, canonné les positions, afin de donner à l'ennemi le temps d'accourir?

Cela serait par trop naïf.

Sans doute, l'attaque d'aujourd'hui a coûté du sang. Mais qui peut dire que c'est sans résultat ?

Sur ma gauche, le canon gronde sans relâche Qui sait si nos troupes ne se portent pas rapidement en avant ? Vitry est à peu de distance de Choisy-le-Roi ; pourquoi ne nous emparerions-nous pas de la ville pendant que les Prussiens défendent le village ?

Du côté de Vitry, où nous avons des retranchements solidement établis, il est facile d'attaquer Choisy-le-Roi, tandis qu'en passant par l'Hay, Thiais et Chevilly, on est obligé à de longs détours.

Plusieurs bataillons de marche de la garde nationale avaient été dirigés en avant du fort de Montrouge. Je vois les 1er, 16e, 12e, 48e, 83e. Ces jeunes troupes sont pleines d'ardeur : elles attendent avec impatience l'ordre de marcher au feu, qui n'arrive malheureusement pas.

1er décembre.

Les comptes rendus officiels seuls ont le droit d'expliquer nos mouvements, de décrire les grandes batailles qui se livrent à cette heure pour le salut de la République. Je passerai donc sous silence tout ce qui peut renfermer une indication, quelque anodine qu'elle soit en réalité, car il est hors de doute qu'à notre insu, nous pourrions nuire aux intérêts sacrés de la défense.

Mais ce qu'il est de notre droit, mieux que cela, de notre devoir de publier, ce sont ces actes héroïques de bravoure, de vertu surhumaine. Si le général nous échappe, le soldat nous appartient, et nous pouvons longuement raconter ses traits de courage. Le cœur se réchauffe, la confiance renaît au souvenir de ces exploits, d'autant plus méritoires qu'ils sont ignorés.

Jamais notre armée n'a donné avec un plus merveilleux ensemble. Plus de chants, plus de cris : les régiments défilent calmes, graves, stoïques, pour combattre et pour vaincre; ils n'ont pas besoin de se griser, le sentiment du devoir leur suffit.

Le passage de la Marne s'est effectué en bon ordre : l'endroit était habilement choisi. Grâce à nos forts et aux redoutes, les Prussiens ne pouvaient en aucune façon s'opposer à notre manœuvre. Plus bas ou plus haut, il nous aurait fallu effectuer sous le feu terrible de l'ennemi cette opération toujours si difficile, le passage d'un pont.

Il n'entre pas dans mes idées de raconter la bataille ; la note de l'*Officiel* nous invite d'ailleurs à un silence prudent, mais je veux retenir quelques incidents bien caractéristiques.

Pour marcher mercredi à l'ennemi, il nous avait fallu déployer notre ligne de bataille, qui atteignait Avron d'un côté et de l'autre dépassait Montmesly. Les Prussiens ont cru que nous allions renouveler la faute énorme que nous avons commise au début même de la campagne.

En nous voyant nous étendre ainsi, ils ont pensé que nos troupes n'étaient pas massées en profondeur. Aussi essayèrent-ils de recommencer le mouvement qui leur avait si bien réussi à Wœrth et à Forbach. Vers neuf heures et demie du matin environ, une formidable colonne prussienne se jeta sur Brie.

La lutte fut terrible, nos soldats luttaient un contre dix. Maison à maison, pied à pied, on défendit le terrain. Enfin, il fallut céder : à onze heures l'ennemi était maître de Brie-sur-Marne.

Il se croyait bien sûr du triomphe ; mais, vers une heure, la division d'Exéa entra en ligne : son arrivée fut saluée par les hurrahs de nos régiments. Les Prussiens luttaient avec opiniâtreté ; nos soldats avançaient sans relâche sous le feu d'une effroyable artillerie. Il y eut des combats atroces à la baïonnette. Jusqu'à cinq heures environ, l'ennemi tint bon. Enfin, épuisé, décimé, écrasé par nos intrépides soldats et notre artillerie, il dut battre précipitamment en retraite.

D'ailleurs, tout espoir lui était bien enlevé. Tentant une suprême ressource, il avait réuni dans une formidable masse toute sa cavalerie. Cuirassiers, uhlans, tout était là. Cette masse s'élança sur notre droite qui se trouvait à Champigny. Il y eut une minute d'angoisse inexprimable. Notre droite coupée, la position pouvait être compromise et la bataille perdue.

La masse de fer s'avançait terrible ; les escadrons

serrés les uns contre les autres descendaient au pas la pente escarpée, dite plateau de Brie-sur-Marne, qui couvre Villiers. A huit cents mètres environ, il y eut comme un frémissement dans nos rangs. L'ennemi, reprenant haleine, allait charger. Les escadrons prirent le galop et s'élancèrent.

Soudain un bruit strident, sinistre retentit. A moins de sept cents mètres, nous venions de démasquer nos mitrailleuses. Combien y en avait-il de batteries ? Je ne sais, mais l'effet produit fut rapide. En moins de dix minutes, les régiments prussiens furent décimés.

Le soir, alors que nous étions maîtres du champ de bataille, j'allais visiter l'endroit où la cavalerie s'était massée. Une boue sanglante, visqueuse s'attachait aux pieds et empêchait d'avancer. Là, étendus, il y avait tous ces uhlans, ces cuirassiers. Les chevaux couchés sur leurs maîtres ne bougeaient pas. Tous étaient morts; nos mitrailleuses n'avaient pas frappé à demi.

Cette charge de Champigny rappelle celle de Reischoffen; mais elle fut moins utile, car elle ne parvint pas à refouler nos régiments et à retarder leur marche.

Un fait montrera l'acharnement de nos soldats.

Une batterie ennemie tirait sans relâche sur nos troupes, jetant bas nombre de soldats. Cinq fois les zouaves s'élancèrent en avant, cinq fois ils durent reculer. Enfin, l'officier qui commandait fit sonner la retraite.

A cette sonnerie, un vieux zouave chevronné sortit des rangs.

— Pardon, mon officier, dit-il ; mais si nous rentrons comme ça, on dira que nous sommes des lâches.

L'officier lut si bien sur le visage de tous ses hommes la résolution de vaincre ou de mourir, qu'il n'hésita pas.

— En avant ! cria-t-il.

Cette fois, rien ne résista : les artilleurs furent tués sur leurs pièces.

Hier, j'avais été à Fontenay-sous-Bois voir des blessés ; je trouvai dans la même chambre le vieux zouave et son officier. Le soldat était triomphant, et il démontrait à son officier qu'avec la baïonnette on peut toujours prendre des canons.

— Et vous en prendrez encore, lui dis-je.

— Parbleu, me répondit-il ; seulement avant vous me ferez remettre une jambe.

Et, rejetant les couvertures, il me montra sa jambe : elle était coupée au-dessus du genou.

Le courage de ces hommes est vraiment inouï ; c'est peu pour eux que de marcher, intrépides, au feu ; ils supportent sans pâlir les opérations les plus douloureuses. J'ai vu hier un zouave du nom de Bauvoir qui avait été si grièvement blessé à la jambe, que l'opération avait été jugée indispensable. Le chirurgien voulut se servir du chloroforme ; le zouave s'y opposa. Il subit l'horrible amputation sans broncher. Ce fait est textuel, et je le garantis.

Le 116ᵉ de la garde nationale comptait dans ses rangs un intrépide volontaire, le premier inscrit, M. de Bar. Le père La Ramée, comme on l'appelait familièrement au bataillon, a soixante-trois ans. A l'attaque sur la Gare-aux-Bœufs, il s'élance en avant avec son capitaine, dont je regrette de ne pas savoir le nom. Le père La Ramée fut blessé au bras. A l'ambulance du Grand-Hôtel où il a été transporté, les infirmiers n'ont pu parvenir à le soigner qu'en lui affirmant qu'avant huit jours il pourrait retourner au feu. La croix d'honneur, à coup sûr, ferait bien sur cette noble poitrine.

La journée d'hier, on le sait, a été employée à ramasser les morts et les blessés. L'ennemi était si découragé par notre victoire de la veille, qu'il ne s'est pas occupé de relever lui-même ses blessés. Pour qui connaît les Prussiens, ce fait est bien caractéristique.

A Forbach, à Borny, à Gravelotte, c'est-à-dire dans les batailles les plus épouvantables que l'on ait vues, batailles plus acharnées, plus meurtrières que celles de l'Empire, l'ennemi a enterré lui-même ses morts et relevé ses blessés. A Villiers, il n'a pu le faire, et cependant il avait derrière lui des batteries formidables, non pas des pièces de 4 et de 12, mais des canons de siége postés à Chennevières.

Constatons, en passant, que l'artillerie ennemie s'est montrée, pour la première fois, inférieure à la nôtre. Le feu de nos forts et de nos redoutes nous a sans doute puissamment servis, mais l'ennemi avait, lui aussi, les batteries de Chennevières et de Villiers. Nos canons de 7 paraissent sans défaut, et nos artilleurs, d'abord un peu hostiles à ces nouvelles pièces, en sont aujourd'hui ravis.

P.-S. L'attaque a repris ce matin : cette fois ce sont les Prussiens qui ont surpris nos grand'-gardes. Je juge inutile d'entrer dans des détails qui seront beaucoup mieux exposés dans les rapports officiels, mais deux mots ne peuvent nuire aux intérêts de la défense.

Vers onze heures du matin, nos avant-postes ont été heurtés par des masses ennemies considérables. Jusqu'à neuf heures du matin, l'affaire a été un peu indécise, mais à ce moment nous reprenons vigoureusement l'offensive. A midi, l'action est admirablement engagée. Le lecteur me pardonnera ma réserve qui me fait une loi de ne pas entrer dans des faits trop précis.

De puissants renforts arrivent au pas de course. Nos soldats sont pleins d'ardeur. Je vois les zouaves qui franchissent les deux ponts de bateaux jetés sur la Marne. Devant nous, se trouve le plateau de Brie, derrière lequel est Villiers.

En moins d'une demi-heure, toutes les hauteurs sont couronnées par nos troupes. On les voit grimper, presque ramper, puis s'élancer en avant ; à ce moment, devant cet admirable élan, généraux, officiers, soldats, personne ne doute : avant la fin de la journée, nous aurons une victoire complète.

Le 2 décembre nous valait bien cela pour faire oublier ses sinistres exploits. Le 2 décembre, la liberté a succombé, pourquoi à cette même date ne reparaîtrait-elle pas triomphante ?

---

3 décembre.

Ainsi que je le pressentais hier à midi, en vous écrivant, la journée d'hier s'est terminée par un triomphe complet. C'est bien une vraie bataille. L'ennemi, dans cette journée, avait en ligne à peu près autant de monde que nous.

L'action a été particulièrement acharnée aux Carriots et à Bisson-Pouilleux. Vous chercheriez vainement ces localités sur la carte. Ce sont des hauteurs situées sur la gauche de Champigny. Il y a là des fours à chaux appartenant à MM. Masson, Leroy et Dufour. Des quantités d'hommes sont tombés et la neige faisait ce matin à cette hauteur nue et dévastée un sinistre linceul.

Les Prussiens avaient sur le sommet du plateau des batteries formidables aux endroits dits : le *Pendant*, le *Marché-Rollet* et le *Grand-Godet*. Nos troupes les ont abordées, en longeant la route de Villiers aux lieux dits les *Cailloux*, les *Pierres*, contigus à la ligne de Mulhouse.

Devant ces formidables travaux de défense, il y eut un moment d'indécision ; un colonel d'état-major, dont je regrette de ne pas savoir le nom, s'élança en avant, fit battre la charge, et nos troupiers chargèrent les canonniers prussiens à la baïonnette.

La lutte a presque partout été acharnée. Une batterie de mitrailleuses, la 3e du 13e, se tenait sur la crête et fauchait les rangs ennemis. Dix fois les Prussiens se sont élancés avec une extrême résolution, dix fois ils ont dû reculer. Un moment cependant la situation devint plus que critique. M. de Sécilly, le capitaine commandant, était hors de combat. L'adjudant Mosange, avec une remarquable ténacité, continuait le feu, malgré une blessure à la main. L'instant était décisif. Soudain, une sonnerie bien connue retentit : une trombe humaine se précipite, un fouillis indescriptible de baïonnettes brille au soleil, et les Prussiens fuient en désordre.

C'est le brave 35e qui vient de faire une formidable charge. Treize officiers et quatre cents hommes de cet héroïque régiment sont à terre, mais la position est conservée.

Le 42e de ligne a particulièrement souffert : la 4e compagnie du 3e bataillon seule a soixante-huit hommes hors de combat. Un des officiers de ce vaillant régiment, le capitaine Robert, s'est trouvé un moment enfermé dans un petit jardin et attaqué par des masses prussiennes considérables. Le capitaine n'avait avec lui que quelques hommes : il tint bon, rendant coup pour coup. Malheureusement, un régiment français ouvrit le feu contre ce petit enclos qu'il croyait occupé par des Prussiens. Le capitaine Robert sauta intrépidement sur le mur, afin de montrer son uniforme. Cette héroïque action fut récompensée, nos soldats culbutèrent les Prussiens, délivrant nos braves troupiers.

Les mobiles de la Côte-d'Or, ceux-là même qui ont si vaillamment donné à Bagneux, se sont conduits en héros. Sous une grêle de balles et d'obus, ils ont réalisé cette folie sublime en ce moment : une charge à la baïonnette. Malheureusement, M. de Grancey est tombé mortellement atteint. Le lieutenant Steinger, qui a été blessé, a fait preuve d'une vigueur et d'une énergie surhumaines.

Je dois citer encore un brave épicier de Champigny, M. Charpentier, qui a fourni à nos troupes des renseignements précieux, se tenant tout le temps exposé au feu le plus violent.

A cette heure, on relève encore des blessés, la route qui de Champigny mène à Joinville est sillonnée de voitures d'ambulance et de brancards. Triste et lugubre cortége. Le personnel des ambulances a été admirable. J'aperçois M. de Pressensé qui, en simple brancardier, transporte les blessés au bord de la Marne.

Après un premier pansement, les malheureux sont conduits à bord des bateaux-mouche et transportés ainsi sans fatigue ni secousse.

Sur la route, dix à douze chevaux morts sont dépecés et... mangés par nos soldats enchantés de ce renfort de nourriture.

Un fait horrible.

On vient de découvrir sur les hauteurs un malheureux mobile blessé grièvement depuis quatre jours et tombé au bord d'un fossé.

Depuis quatre mortels jours, ce pauvre soldat était étendu, entendant autour de lui la fusillade, souffrant du froid, de la faim. Son état, malgré tout, n'est pas désespéré; il a seulement fallu lui faire l'amputation d'une jambe.

Je n'ose apprécier nos pertes, elles sont sérieuses; mais celles de l'ennemi sont au delà de toute expression. Cela s'explique par l'acharnement déployé par les Prussiens. Notre redoute de Mayeux en a couché à terre des centaines : des officiers d'artillerie m'affirment que l'ennemi s'est avancé à moins de 500 mètres. Sur toutes les hauteurs, d'ailleurs, on marche littéralement sur du plomb et du fer : le sol est jonché de balles et d'obus.

Le bruit court que nous avons fait un grand nombre de prisonniers.

---

4 décembre.

Rien d'important hier : une assez vive fusillade en avant de Champigny, une canonnade de Nogent qui ne s'est guère arrêtée : voilà le bilan de la journée. Le 113e a eu la chance enviée de tous ses camarades de repousser l'attaque des Prussiens qui, cette fois, n'ont pas insisté; nous n'avons eu qu'une dizaine de blessés.

Nos soldats s'installent comme s'ils devaient résider là une année. Trous pour la cuisine, réserve de bois, rien ne manque.

— Nous nous mettons dans nos meubles, me dit un vieux sergent.

Le général Trochu, craignant que ces troupes ne fussent fatiguées du pénible service auquel elles sont assujetties, voulait les faire relever, mais les soldats lui affirmèrent si bien que, *tant morts que vivants*, personne n'était fatigué, que le général dut se rendre.

Un des grands sujets de conversation parmi les pioupious, c'est la conduite des frères. Ces hommes noirs qui, calmes, stoïques, marchent au milieu des balles, portant les blessés, remplissent nos soldats d'admiration. Il faut dire que ces deux cents frères ont donné l'exemple d'un courage réel. Plus de dix fois, nos généraux ont dû les forcer à attendre que la fusillade fût finie pour aller relever les blessés. La lettre de Mgr Bauer prouve que la mission est loin d'être sans danger.

La nuit offrait un tableau vraiment saisissant : les brancardiers portaient une torche qui donnait de fauves clartés. Ces hommes immobiles, déjà recouverts par la neige qui tomba un moment, ces chevaux morts, ces filets de sang suintant à travers la neige, tout ce tableau entrevu saisissait l'âme plus vivement que le tumulte de la mêlée. Deux ou trois fois les Prussiens ont dirigé, pendant la nuit, des rayons de lumière électrique sur ces hauteurs tant disputées et si bien perdues pour eux.

Je crois inutile de publier la longue liste des blessés et des morts. Je mentionnerai seulement encore le colonel du 123e de ligne, Dupuis de Podroin, et le colonel du 124e, Sanguinetti. Tous deux sont tombés héroïquement en chargeant à la tête de leurs troupes.

On a déjà remarqué que la proportion des officiers blessés ou tués est plus grande que d'habitude ; cela tient à ce que la lutte n'avait jamais été si acharnée. Les officiers ont dû se mettre à la tête de leurs soldats. J'en connais qui, pour mieux rassurer leurs hommes, ont couru au-devant des obus pour bien montrer que « ça ne tuait pas. »

Il ne faut pas oublier que pendant près de trois heures nous sommes restés immobiles sous une pluie de projectiles.

Il n'y avait pas là de tumulte et de cris : point de lutte, on mourait sans pouvoir tuer.

Je me souviens, vers midi, d'avoir assisté à un spectacle horrible, épouvantable, qui glaça d'horreur tous les assistants, parmi lesquels se trouvait le général Clément Thomas.

Nos troupes, attaquées par des forces supérieures, demandaient des renforts. Le 136e et les zouaves traversèrent le pont au pas de course, se ruant à la baïonnette sur les colonnes prussiennes.

Les soldats étaient beaux d'énergie, de bravoure froide et résolue. C'était un spectacle vraiment touchant. Au moment de franchir la passerelle, les officiers se jetaient dans les bras de ceux qui restaient et les embrassaient.

Ceux qui sont sortis de cette épouvantable fournaise peuvent, comme le Dante, dire qu'ils ont vu l'enfer.

Soudain un soldat, un zouave sortit des rangs. Se roulant à terre il hurlait : Non, je n'irai pas, je suis un lâche, j'ai peur !

Et le malheureux écumait.

De force, on le fit rentrer dans les rangs, et la colonne reprit sa marche rapide.

La bataille finie, j'interrogeais un vieux sergent et je lui demandais ce qu'était devenu ce soldat que tout le monde avait traité de lâche.

— C'est un héros, me dit-il, et il est mort comme nous voudrions mourir tous. A cent pas de nous, sur la crête de Villiers, se trouvait un régiment bavarois. Nous en avions déjà pas mal descendu; un de plus, un de moins, c'est pas une affaire. Au moment où nous prenions haleine pour charger, le zouave, le *lâche,* se jeta tout seul sur les baïonnettes, et sans essayer de lutter, sans rendre un coup, il se fit embrocher.

Il n'était pas mort sur-le-champ. Les camarades eurent le temps de l'embrasser et... de le venger.

---

5 décembre.

En attendant que de nouvelles batailles aient lieu, batailles qui amèneront pour nous des victoires moins stériles que celles que nous venons de remporter, il me paraît utile de conduire mes lecteurs dans les ambulances.

Ce n'est pas à une vaine promenade que je les convie, je n'ai pas l'intention de décrire telle ou telle ambulance ; c'est du blessé lui-même qu'il s'agit. Nous avons vu le soldat plein d'enthousiasme et de vigueur, nous allons le retrouver sur le lit de douleur où le retient une blessure glorieusement reçue au service de la République.

D'ailleurs, cette visite ne sera pas aussi triste qu'on peut le croire ; elle indiquera, en outre, quelques améliorations indispensables réclamées par tous nos chirurgiens, dont je ne serai ici que l'écho fidèle.

Commençons par affirmer que nos blessés sont incomparablement mieux soignés que ne peuvent l'être les Prussiens.

La raison en est simple. L'ambulance du Grand-Hôtel, celle de la Presse et cent autres offrent un confortable, presque un luxe que des troupes en campagne ne peuvent espérer. En outre, nos chirurgiens se nomment Nélaton, Ricord, Chenu, et il y a loin de la science d'un chirurgien de régiment, quelque habile qu'il puisse être, à la merveilleuse dextérité de ces illustres praticiens.

Mais si nos blessés, une fois admis dans les ambulances, sont certains de trouver tous les soins nécessaires, il est malheureusement exact qu'ils ont beaucoup à souffrir, jusqu'à l'instant souvent éloigné où ils sont recueillis. Ce reproche ne s'adresse pas à l'Internationale qui se montre, malgré les critiques dont elle est l'objet, admirable d'empressement et de dévouement ; mais il atteint l'intendance, la routine si funeste dont nous avons eu tant de preuves depuis le début de cette campagne.

Lorsqu'un régiment prussien marche au feu, il est accompagné d'un certain nombre de soldats sans armes, dont la mission consiste à relever les blessés dès qu'ils tombent, et à les porter en dehors des lignes où ils sont recueillis. Ces soldats sont munis de charpie, de bandes de toile et de perchlorure de fer qui permet d'arrêter le sang.

Chez nous, rien de semblable n'existe.

Les blessés doivent rester à terre jusqu'au moment où les brancardiers pourront venir les chercher. Quelquefois, lorsque le régiment n'est pas trop sérieusement engagé, des soldats transportent leurs camarades à l'ambulance ; mais ce fait ne peut se produire que rarement. Il offre, d'ailleurs, un inconvénient sérieux, car il donne un prétexte à ceux qui désirent s'éloigner du champ de bataille.

Ce vice de notre organisation ne peut être imputé à personne : la faute en est à la seule routine, cette éternelle ennemie de notre armée, qui a gagné, à elle seule, plus de victoires que les Prussiens. Mais si personne n'est, à la rigueur, coupable de ce manque d'organisation, il n'en est pas de même à un autre point de vue.

La vie de nos blessés est trop précieuse pour qu'il s'agisse de cacher quelque chose, de garder des ménagements. Eh bien ! je n'hésite pas à le dire, car j'ai cent preuves dans les mains, l'intendance est pour beaucoup dans les souffrances endurées par nos blessés. Je ne voudrais pas être trop sévère, mais, sur un pareil sujet l'indulgence serait criminelle.

L'intendance n'a pas vu sans déplaisir l'importance attribuée à l'Internationale ; de là, mille vexations, une lutte continuelle.

Je ne citerai que deux exemples des conséquences de cette rivalité : au Bourget, plusieurs centaines de nos blessés ont été recueillis par les Prussiens, faute de secours de notre part. La faute en est toute entière à l'intendance, qui avait interdit à l'Internationale d'envoyer ses voitures, affirmant que les voitures militaires suffisaient à tout. La liste de nos blessés prisonniers au Bourget, que M. de Flavigny a pu se procurer, prouve combien le service a été insuffisant.

A la dernière bataille, à l'Hay (30 novembre), je trouvai sur le plateau de Villejuif, non loin des Hautes-Bruyères, une ambulance encombrée de blessés. Le docteur Lebreton, qui s'était avancé avec moi pour offrir ses services, apprit du chirurgien américain qui se trouvait là, qu'il avait presque dû recourir à la menace pour obtenir la triste faveur de panser les blessés ; l'intendance ayant formellement interdit aux chirurgiens de l'Internationale de s'occuper de ce qui ne regardait que l'intendance.

Or, depuis moins de deux heures, ce chirurgien avait reçu deux cent quatre-vingts blessés, et pas un membre de l'intendance ne s'était montré. Sur des matelas sanglants, trente à quarante malheureux attendaient leur tour, quelques-uns avaient des blessures graves.

J'affirme ce fait *de visu*.

Mais, abandonnons ce lugubre tableau.

On a dit et répété que la plupart des blessures reçues par nos soldats étaient légères : le fait est absolument exact. Pour le prouver, j'ai dans mes visites aux ambulances, relevé la nature des blessures : je suis arrivé ainsi à des indications extrêmement précises.

J'ai pu en obtenir six cent soixante-deux, qui se décomposent ainsi :

Blessures à la jambe. 221
— au bras. 83
— à la main 71
— à l'épaule. 46
— au pied 47
— à la tête 53
— au côté, à l'aine. . . . 45
— au ventre. 16
— à la poitrine. 25
— à l'œil 10
— au dos. 13
— aux fesses 15
— à l'estomac. 1
— aux reins 7
— au cou. 9

Total. 662

De ces blessures, les plus dangereuses, celles qui sont presque sûrement mortelles, les blessures au ventre, entrent, on le voit, pour une très faible proportion (16).

« Les blessures aux jambes, aux bras, aux pieds et aux mains, presque toujours assez bénignes, grâce aux progrès accomplis par notre chirurgie qui ne coupe plus que très-rarement les membres, forment un total de 422, soit plus de 60 pour 100.

Quant aux blessures à la poitrine, quelque dangereuses qu'elles paraissent, elles sont loin d'être toujours mortelles. Un sous-lieutenant du 35e de ligne fut atteint à Chevilly (30 septembre) par une balle qui lui traversa la poitrine.

Recueilli par les Prussiens, il fut rendu comme étant dans un état désespéré. Un mois après, jour pour jour, il était de retour au régiment. Le sous-lieutenant Kraus a malheureusement été fait prisonnier le 2 décembre.

A ce même combat de Chevilly, un héroïque soldat du 35e fut blessé d'une façon horrible. J'eus plusieurs fois occasion de le voir à l'ambulance Chaptal. Je copie d'ailleurs textuellement l'inscription suivante sur le registre :

« Berthé (Jean-Marie). Balle à l'abdomen, balle à la cuisse droite, fracture du bassin, fracture du tibia, coup de crosse à la face, coup de baïonnette à la poitrine. »

Pour donner une idée de l'état de ce blessé, il suffit de dire qu'on ne s'aperçut de sa blessure à la jambe que quinze jours après son entrée.

On s'attendait à voir le malheureux expirer une heure après son arrivée, il ne mourut que le 1er novembre, et un moment on crut pouvoir le sauver.

On voit que l'homme ne succombe pas facilement.

Les chiffres suivants prouveront d'ailleurs que le nombre des décès est relativement très-minime.

Dans les trois ambulances des ponts et chaussées de la rue Moineau et de la rue Tournefort, pour ne citer que celles-là, voici quelle était la situation au 21 novembre.

202 blessés étaient entrés, 95 étaient sortis, 7 étaient morts, 100 restaient en traitement.

Si l'on réfléchit que, grâce à l'aménagement et à l'installation toute particulière de nos ambulances à Paris, les fièvres putrides et la gangrène sont des plus rares, on arrive à cette conclusion que, sur les cent malades, presque tous doivent arriver à la guérison : les décès se produisant pour les neuf dixièmes des cas quelques jours, souvent même quelques instants après la blessure.

N'est-ce pas pour nous tous une consolation réelle que cette conviction que 80 à 85 pour cent de nos blessés renaîtront à la vie et à la santé ?

On a dit que, dans les divers combats qui ont eu lieu depuis huit jours, sept mille des nôtres auraient été frappés. Sur ce nombre, six mille environ seront rétablis avant deux mois, prêts à combattre encore pour l'indépendance et pour la liberté de leur patrie.

CHAPITRE IX

LE DRANCY — LE BOURGET

21, soir.

Le canon se tait ; je puis donc vous écrire ce que j'ai vu. N'attendez pas de moi un compte rendu complet, méthodique, de la bataille. Je ne puis comprendre que ce qui se passe sous mes yeux ; puis la canonnade qui retentit depuis ce matin à ma droite m'avertit qu'une autre action est engagée du côté de Villemomble, peut-être même de Neuilly-sur-Marne, et tous les renseignements me manquent sur cette affaire.

Le champ de bataille est assez vaste d'ailleurs : il s'étend depuis Orgemont, dont on aperçoit la masse sombre qui s'élève dans la brume, jusqu'à Bondy.

Aux deux extrémités, tout paraît s'être borné à une violente canonnade. Le fort de la Briche et la Double-Couronne envoient leurs obus sur Stains, éloigné seulement de 1,600 mètres. Nos troupes sont en observation sur la route n° 19 ; elles semblent occuper le bas du village.

Plus à l'est, nous avons établi sur le bord du canal de l'Ourcq, des batteries qui tirent sans interruption sur le parc du Raincy, où l'ennemi a mis des pièces en position. Au bout de deux heures de lutte, le feu de l'ennemi est éteint.

C'est au centre que s'est concentrée l'action, c'est là qu'elle a été vive. Cette fois du moins amènera-t-elle quelque résultat.

Vers sept heures et demie du matin, les ambulances arrivent par la porte de Romainville ; elles s'arrêtent à la Folie, à l'intersection de la route de Metz et du chemin qui conduit à Bobigny. Les régiments traversent cette route, ils vont se masser à gauche.

J'aperçois le 42ᵉ de ligne, cet héroïque régiment décimé à Champigny.

— Il ne faudra pas nous en vouloir si nous perdons moins d'hommes que les autres ! me crie gaiement un officier que j'ai vu au feu ; nous ne sommes plus que onze cents.

Sur la route de Metz, arrivent les bataillons de marche de la garde nationale ; leur tenue est admirable, chacun a conscience de son devoir ; les hommes marchent bien dans le rang, serrés, alertes ; les chefs semblent fiers, et à juste titre, de leurs soldats.

Un groupe d'artilleurs, devant moi, admire hautement cette tenue martiale.

— Bravo ! la garde nationale ! crie l'un d'eux.

— Vous direz cela quand nous reviendrons, répond un garde.

Le premier bataillon qui ouvre la marche est le 235ᵉ; suivent les 188ᵉ, 186ᵉ, 170ᵉ, 5ᵉ, 11ᵉ, 58ᵉ, 86ᵉ, 132ᵉ, 39ᵉ, 37ᵉ et 26ᵉ.

Sur l'ordre du général Clément Thomas, ils appuient sur la gauche, dépassent Bobigny et se rangent crânement en bataille à mi-chemin de Bondy et du Drancy. Ils forment l'extrême droite de notre armée engagée principalement au Bourget. Au milieu de la plaine, est une petite éminence en terre jaune, une sorte de redoute inachevée; les bataillons se massent derrière ce talus, et leurs lignes de tirailleurs disparaissent derrière les peupliers.

Il est dix heures et demie environ; de ce côté tout est presque calme; allons plus loin.

Dès le matin, nos troupes parties de Saint-Denis attaquaient le Bourget; les marins marchaient en tête de la colonne, suivis du 134ᵉ et du 10ᵉ mobiles de la Seine. Les Poméraniens (croyons-nous) qui gardaient l'entrée du village ne purent résister à cette brusque attaque, et nos soldats s'emparèrent non sans perte de la suiferie et des premières maisons. Mais l'ennemi s'était formidablement retranché dans le village; il avait garni toutes les barricades de pièces de 12. Pour emporter de haute lutte la position, il eût fallu sacrifier trop de nos braves soldats.

Cette première attaque a donc échoué; mais

nous avons fait à l'ennemi de nombreux prisonniers; il est vrai que nos marins et le 10ᵉ mobiles ont été sérieusement éprouvés.

Pourquoi, d'ailleurs, mettre de la chair et des hommes là où il ne faut que des canons? Les Prussiens nous avaient, lors de la reprise du Bourget, le 30 octobre, si je ne me trompe, indiqué ce qu'il fallait faire.

Nous suivîmes leur exemple.

Vers les midi, commença sur ce pauvre village un feu terrible, sans exemple. Le fort de l'Est (3,500 mètres), le fort d'Aubervilliers (3,100 mètres), nos batteries établies au Drancy (1,500 mètres) tiraient sans relâche. Une véritable pluie d'obus tombait sur le village. A l'aide de la lorgnette, on voyait les murs, les maisons s'écrouler. Les Prussiens étaient enfermés là comme dans un cercle de feu. Ils ne pouvaient ni avancer ni reculer : partout nos canons tonnaient, et, sur toutes les routes, le bruit strident, horrible, de nos mitrailleuses leur prouvait assez qu'il n'y avait pas d'issue.

L'ennemi a dû faire là des pertes sérieuses qu'il est d'ailleurs impossible d'évaluer.

Cependant, sur la droite du Bourget, nos troupes s'avancent le long du chemin de fer de Soissons.

Dans cette plaine déchirée, ravagée, nos soldats s'alignent en bataille et marchent en avant à la rencontre des Prussiens qui débouchent de Blanc-Mesnil et d'Aunay.

Une vive fusillade s'engage sur toute la ligne ; à

quelques cents mètres, on l'entend à peine, car pendant plus de deux heures les mitrailleuses ne cessent de rouler.

Sur la gauche du Grand-Drancy, de nombreuses batteries d'artillerie tirent sans interruption : ce sont des pièces de 12 dont la portée est énorme : elles battent en brèche le Blanc-Mesnil (3,000 mètres environ) et toute la plaine, criblant ainsi d'obus les troupes ennemies qui sont directement exposées à notre feu meurtrier.

En arrière, sur la route des Petits Ponts, sont campées nos troupes de réserve : les armes en faisceaux, on attend avidement l'ordre de marcher. C'est que ce sont là nos plus vieux régiments, ceux qui ont le plus souvent combattu sous les ordres de leur général de division Faron. Je vois le 35ᵉ et le 42ᵉ, les deux frères siamois comme on les appelle, puis le 114ᵉ, le 117ᵉ et le 60ᵉ mobiles, sans compter d'autres régiments massés en arrière.

Mais il n'est pas besoin de faire donner nos réserves : les troupes engagées suffisent à tout.

Vers trois heures, au milieu du Drancy, j'aperçois un clocher troué par les boulets. Pensant que ce serait là un merveilleux observatoire, je me dispose à monter ; mais un, puis deux, puis dix obus arrivent soulever la terre à vingt pas : la position n'est pas tenable.

L'intendant qui dirige les brancardiers venait de donner l'ordre aux ambulances évangéliques de reculer. Je me retire avec elles. Les braves pasteurs que le *Figaro* accusait de faire des conférences au lieu de relever les blessés, portent les brancards et marchent doucement, tranquillement. Pourtant, dans les maisons qui bordent la route sur la droite, on entend des sifflements significatifs : les obus pleuvent comme grêle.

Voici la cause de cette alerte : les Prussiens, désespérant de faire taire nos batteries avec leur artillerie ordinaire, avaient transporté du Blanc-Mesnil leurs plus grosses pièces sur la chaussée du chemin de fer. De là une vigoureuse canonnade dirigée sur le parc du Drancy, canonnade qui ne nous a pas d'ailleurs fait grand mal.

La nuit venait, il fallut s'arrêter.

En somme, malgré le courage de nos troupiers, « nous n'avons pas pris Versailles » — la locution est en train de devenir proverbiale parmi les officiers. Au moindre coup de canon, en effet, à la plus petite affaire, dans les régiments tout comme à Paris, il se trouve des naïfs qui affirment que nous sommes maîtres de Versailles.

La vérité nous oblige à dire que nous n'avons pris aucune des positions importantes de l'ennemi.

Ce combat n'est donc pas un succès, puisque, selon notre malheureuse habitude, nous nous sommes retirés après avoir forcé l'ennemi au silence. Je crois cependant que les Prussiens ont souffert du feu de notre artillerie.

De notre côté, nous avons perdu peu de monde. Je n'ai vu ramasser par les ambulances que quelques artilleurs et très-peu de soldats des 120e et 126e de ligne.

Je ne connais, il est vrai, pas exactement les pertes que nous avons essuyées le matin à l'attaque du Bourget. D'après ce qui m'est dit, elles seraient, de ce côté, malheureusement plus considérables. En tout cas, elles sont de beaucoup au-dessous de celles que nous avons fait éprouver aux Prussiens.

Vous me pardonnerez facilement de ne pas m'étendre davantage et de ne rien vous dire sur le but même de ces opérations; c'est là un devoir rigoureux, et je me borne à raconter les faits accomplis, sans même rien préjuger de l'avenir.

On a beaucoup remarqué que tous nos soldats portaient leurs couvertures pliées en quatre à la hauteur des épaules, attachées à la poitrine et au-dessous du ventre; de la sorte, nos soldats sont presque entièrement garantis, car ces épaisses couvertures, si elles n'ont pas le pouvoir absolu d'arrêter la balle, en amoindrissent singulièrement l'effet. Cette idée, fort ingénieuse, est due à l'amiral La Roncière le Noury, dont la sollicitude pour le soldat est incessante.

— Nous avons des manchons tout comme une cocotte! me dit un troupier.

Et, de fait, tous nos soldats ont les mains fourrées dans la laine, ce qui ne laisse pas que d'être utile, car le temps est froid et la bise souffle désagréablement.

22, soir.

Il gèle.

La bise souffle dans cette immense plaine qui n'offre pas un abri : le pied glisse sur cette terre desséchée. Le thermomètre marque 10 degrés.

Nos soldats sont là, tranquilles, stoïques. Ils ne se plaignent pas, et s'ils maudissent le froid, c'est que le canon ne peut gronder. Ils ne songent pas à leurs souffrances, à la fièvre qui dévore sous ses baisers de glace, ils se réjouissent presque en pensant que l'ennemi est victime lui-même.

Et cependant le cœur saigne à la vue de toutes ces misères. L'intendance — je lui rends volontiers cette justice — a fait l'impossible ! Malheureusement ce n'était pas assez.

Mieux vaut mille fois la lutte, le canon, la mitraille, que cette souffrance horrible : le corps se gèle, les membres refusent leur service, la tête a des élancements terribles. Et cela a été il y a une heure, dans une heure cela sera encore.

Pourtant le soldat ne songe pas à se plaindre, il marche, il court, il bat la semelle, il tâche de se réchauffer un instant les doigts pour écrire à la vieille mère que son fieu ne mange pas encore la salade par les pieds.

La souffrance devient-elle trop vive, nos troupiers se pelotonnent et se couchent les uns sur les autres. On dirait des harengs tassés dans un tonneau. De temps en temps, il y a bien un soulier qui frôle une figure, mais cela ne fait pas de mal, au contraire; d'ailleurs le soulier a des clous, et le frottement, ça réchauffe.

Quelques-uns ne peuvent résister, on les conduit à la ferme du petit Drancy; c'est là qu'on recueille les malades, les fiévreux : des voitures d'ambulance les emmènent aussitôt.

En me dirigeant de ce côté, j'assiste à un lugubre spectacle : l'enterrement d'un artilleur. Le corps est rigide. Sans le sang coagulé qui le recouvre, on dirait une momie. Le malheureux a vu venir l'obus qui lui a ouvert le ventre, car instinctivement il a élevé en l'air les deux bras comme pour parer le coup. La mort a si vite saisi sa proie, que les membres sont restés dans leur position. Le fossoyeur est obligé d'élargir la fosse d'un coup de pioche. Sans cette précaution, les bras se casseraient.

Huit ou dix fosses ont été creusées aux environs. La terre est déjà ferme. Une couche de neige tombe lentement. Dans quelques instants, on ne pourra plus reconnaître la place où ont été enterrées ces pauvres et chères victimes.

Heureux encore ceux qui ont succombé à l'instant. Mais il en est qui, touchés légèrement, sont restés toute la nuit étendus à terre. En avant, en arrière, ils voyaient les feux briller dans le sombre de la nuit, et ils ne pouvaient bouger. Leur sang coulait sans que le froid eût le temps de former un caillot au passage pour boucher la plaie.

Quelles angoisses ! quelles tortures !

Ce matin, on a relevé trois de ces infortunés : ils étaient morts.

Et pourtant, les blessures étaient légères, mais le froid avait été plus inexorable que le plomb.

Un infirmier, en relevant un de ces cadavres, me dit :

— Il faut faire attention de ne pas le casser, on dirait du verre.

Heureusement, presque tous les blessés avaient pu être enlevés dès hier, car le service des ambulances avait été admirablement dirigé.

Il y a là un progrès très-important, et cependant la situation était beaucoup moins favorable qu'à Champigny et à Joinville, car le personnel des ambulances ne put trouver une seule maison pour s'abriter et faire les premiers pansements.

Malgré le froid, nos grand'gardes sont à leur poste, guettant les sentinelles ennemies ; d'ailleurs, le canon se charge, de temps à autre, de rappeler les hommes à la vigilance.

Je ne sais trop où vont les obus de nos pièces : elles m'ont paru frapper assez uniformément sur un petit bois situé sur la droite. Les Prussiens avaient établi là quelques pièces que nous avons promptement réduites au silence

Du côté de l'ennemi, quelques rares détonations.

Sur notre droite, mais à une distance probablement fort grande, on entend la canonnade. Est-ce le plateau d'Avron qui tire ? Y a-t-il de ce côté une action engagée? Je ne sais, car la distance empêche de rien apprécier exactement.

Quoi qu'il en soit, il est permis, malgré l'insuccès apparent du Bourget, d'affirmer que, dès à présent, et quelle que soit la suite de la lutte, nous n'avons pas perdu notre poudre.

Les renseignements que j'ai recueillis aujourd'hui de tous côtés complètent ceux d'hier : nos pertes ont été réellement minimes. L'artillerie ennemie, si vantée au début de cette campagne, s'est montrée absolument inférieure à la nôtre.

Et cependant, ici les rôles étaient entièrement renversés. Nos forts — sauf Aubervilliers — ne pouvaient être que d'un médiocre secours; nous n'avions pour soutenir la lutte que de l'artillerie de campagne, tandis que les Prussiens tiraient de positions fixes, et se servaient par conséquent de canons d'un calibre supérieur. Ils n'ont pu nous démonter qu'un canon, et encore les servants ont ramené comme un trophée l'affût brisé ; par un hasard miraculeux ni les hommes ni les chevaux n'avaient été touchés.

Nos mitrailleuses, ainsi que je vous l'ai dit, ont joué un rôle très-actif. Deux batteries avaient été placées sur le chemin de fer : elles ont, pendant près de deux heures, tiré sans interruption sur les masses ennemies qui passaient à une faible portée. Les Prussiens ont essayé de déloger les nôtres avec du canon. Mais nous avions établi en arrière une batterie qui a forcé l'ennemi au silence. Nos mitrailleuses ne se sont tues que lorsque l'ennemi eut renoncé à passer de ce côté.

Le combat d'hier inaugure — surtout dans sa seconde partie, à partir de midi — une nouvelle tactique : peu d'hommes, beaucoup de fer. De là le peu de pertes que nous avons essuyées. Ainsi que je vous le disais hier, pas un homme de nos réserves n'a eu à donner : la moitié au moins de notre artillerie n'est pas entrée en ligne.

En même temps que le canon, la pioche marchait : les soldats du génie et le génie auxiliaire se mettaient à l'ouvrage derrière nos pièces : les travaux accomplis en vingt-quatre heures sont vraiment merveilleux. Hélas ! pourquoi a-t-on attendu aussi longtemps pour utiliser le génie et pour commencer ces travaux d'une importance si grande ? Ces tranchées sont doublement utiles, d'abord parce que les grand'gardes ennemies ne sont pas éloignées, ensuite parce qu'on évite la bise glaciale.

CHAPITRE X

LE BOMBARDEMENT

28 décembre.

Enfin, les Prussiens se sont décidés à nous bombarder ! Suivant les uns, ils auraient cédé aux instances de leurs alliés, dans la douce espérance que nous allions ouvrir nos portes au premier coup de canon ; suivant d'autres, ils ont voulu fêter la Noël.

Je crois que la résolution subite prise par l'ennemi a été amenée par le froid excessif. Grâce à cette température, en effet, la terre est devenue sèche et dure au point que nos obus parviennent plus difficilement à détruire ses retranchements protecteurs. Sur les murs de nos forts, l'effet est toujours le même.

En outre, la brume épaisse qui s'étend depuis deux ou trois jours sert merveilleusement l'ennemi, car nous ne connaissons pas la position exacte de ses batteries, tandis que nos forts offrent aux pointeurs prussiens un but invariable et certain.

Le feu a commencé hier dans la nuit, et le premier obus nous a trouvés préparés. A l'activité excessive des travailleurs, à l'agitation signalée dans le camp ennemi, nos chefs se doutaient de quelque chose.

Ajoutons qu'au début du siége, les Prussiens avaient prévenu les commandants de nos forts d'un bombardement immédiat qui n'eut pas lieu, on le sait.

Ils ont cette fois complétement négligé cette formalité, qui, je le sais, n'est pas de règle absolue lorsqu'il s'agit de forteresses.

Comme il est très-difficile, à cause de la distance qui sépare nos forts, d'arriver à contrôler toutes les versions qui circulent parmi nos soldats, je me borne à publier celles qui m'offrent toute garantie, négligeant absolument les autres.

C'est de Noisy-le-Grand qu'est parti le signal du feu : une bombe ou fusée a été lancée ; une demi-heure après, la canonnade était générale.

Les batteries de l'Ermitage au Raincy, — batteries que j'ai signalées à nos lecteurs il y a plus d'un mois, n'ont tiré qu'en dernier.

La raison en est simple. Le Raincy est de toutes les positions ennemies la plus rapprochée de nous, avec Gagny. Noisy et Gournay sont au contraire les points extrêmes. De là, pour les deux premières batteries, la nécessité de n'ouvrir le feu qu'au moment où nos pièces se trouvaient occupées sur Noisy et Gournay : sans cela les positions exactes des pièces auraient trop facilement été reconnues.

Voici d'ailleurs les distances qu'il est essentiel de connaître :

Du Raincy à Avron 2,300 mètres, à Rosny 4,100, à Noisy 5,100.

De Gagny à Avron 2,500 mètres.

De Noisy-le-Grand à Avron 4,800 mètres, à Nogent 5,000.

De Gournay à Avron 5,200 mètres, à Rosny et à Nogent 7,000 mètres.

Les Prussiens ne se sont arrêtés qu'à cinq heures du soir, après une canonnade de douze heures, qui n'a guère été interrompue que pendant une heure et demie.

Il est possible de porter un jugement en parfaite connaissance de cause sur cette première journée de bombardement.

L'effet a été nul; absolument nul.

Cette affirmation pourra surprendre ceux qui, jugeant l'artillerie prussienne sur ses premiers avantages, pensaient qu'elle allait nous pulvériser; mais rien n'est plus simple que de l'établir.

D'après les observations de nos officiers d'artillerie, l'ennemi avait environ 120 à 130 bouches à feu, en comptant les canons de Villiers, Chennevières, le Blanc-Mesnil et les pièces de campagne qu'il avait placées en arrière du Raincy. On ne peut apprécier le nombre de coups que tous ces canons ont tirés, mais ce nombre dépasse évidemment plusieurs milliers ; tout cela a abouti à huit ou neuf morts et cinquante à soixante blessés.

A ce compte, il faudrait aux Prussiens trois mois de bombardement pour nous jeter quatre mille hommes à terre et pour enlever quelques pierres à nos forts.

Un officier d'artillerie, à qui je témoignais mon étonnement de ces résultats, me disait que le canon avait surtout un effet moral. Les jeunes régiments sont démoralisés par ce bruit formidable ; les anciens craignent bien plus les balles, qui, pour faire moins de bruit, n'en accomplissent pas moins plus de besogne.

---

30 décembre.

Je n'engage aucun de mes lecteurs à faire, en ce moment, une petite promenade aux environs de Paris, du moins du côté de l'est, d'abord parce qu'il fait froid, et ensuite... parce qu'il fait infiniment trop chaud.

L'expression consacrée « il pleut des obus » est ici parfaitement justifiée : toutes ces grandes plaines couvertes de neige sont sillonnées par des projectiles. Du côté de Bobigny, tout est assez calme ;

mais lorsque, laissant le village à sa gauche, on prend au moulin de la Folie la route de Metz, qui conduit à Bondy, ou le chemin qui mène à Noisy, il est indispensable de s'avancer avec précaution. L'obus s'annonce toujours par un sifflement qui se reconnaît de très-loin ; avec un peu d'habitude même, on juge très-bien de la direction ; il ne reste alors qu'à s'étendre. La chose est peu agréable sans doute en ce moment, mais elle est prudente.

Plusieurs officiers, en voyant un grand nombre de projectiles éclater 4 à 500 mètres avant le fort de Rosny, ont pensé que le tir de l'ennemi était un peu court. C'est là une erreur. De l'Ermitage au fort, il y a 5,000 mètres, et c'est là une très-bonne portée pour les pièces de 24 qu'emploient les Prussiens.

L'ennemi pensait simplement que le bombardement, pouvant faire craindre au gouverneur de Paris une attaque de vive force, de nombreuses troupes seraient massées sur les points menacés.

De là sa tactique.

Heureusement les pertes ont été, de notre côté, peu considérables. On m'assure que quatre marins seulement ont été blessés au fort. Quatre mobiles atteints par des projectiles se trouvent grande rue Saint-Denis, 57.

Un obus est tombé sur la maison occupée par le chef d'escadron de gendarmerie, prévôt de la 2e division.

Personne n'a été atteint.

L'état-major du général d'Exéa a eu le même

bonheur : un obus a fait écrouler tout un pan de mur. Aucun officier n'a été blessé.

Nos soldats s'habituent parfaitement à cette grêle importune. Volontiers, ils plaisantent les projectiles maladroits; et pourtant Noisy n'aura plus une maison, si le feu continue.

Du côté de Rosny, le feu est peut-être encore plus violent; les détonations se succèdent sans interruption. Romainville est plus tranquille, cependant quelques obus sont venus effondrer les maisons de ce village.

Sur toute notre ligne est, la canonnade est générale; les Prussiens ne doivent plus voir que de la fumée et des éclairs.

1er janvier.

Le feu a continué toute la journée, mais avec une moindre intensité : cela tient à ce que les batteries dirigées contre le plateau d'Avron ont dû être changées de place. Il ne faut donc pas croire que l'ennemi, satisfait de notre évacuation, renonce à nous bombarder. Demain matin, sans doute, la canonnade reprendra avec une nouvelle violence.

Romainville, Noisy, Rosny et Nogent sont à cet instant les quatre objectifs de l'ennemi : il convient cependant de ne pas oublier les redoutes intermédiaires : Montreuil, la Boissière, Fontenay, la Faisanderie et Gravelle, qui ont leur part dans cette effroyable distribution de projectiles.

Rosny est en partie protégé contre les batteries du Raincy et même de Gagny par le plateau d'Avron, qui se trouve à moitié route, et dont l'extrême altitude (115 mètres) rend le tir de l'ennemi très-difficile. Le projectile, pour atteindre le fort, est obligé de franchir ce plateau à une grande hauteur, ce qui nécessite une parabole extrêmement tendue.

Même après son évacuation, le plateau d'Avron nous sera donc utile; non qu'il empêche les projectiles d'arriver — la pluie de fer qui tombe du côté de Rosny est une preuve du contraire, — mais parce qu'il rend le tir de l'ennemi plus difficile et moins juste.

Je me suis efforcé, depuis trois jours que dure le bombardement, de constater les résultats : ils sont absolument nuls, et les Prussiens se sont évidemment mépris sur les conséquences de leur furieuse canonnade.

Je ne parle pas des pertes que nous avons subies; les rapports officiels constatent qu'elles sont minimes : je ne veux examiner ici que les dégâts causés dans nos travaux de défense par cette trombe de fer.

Au fort de Romainville, moins exposé jusqu'ici, il n'y a rien; à Noisy et à Rosny, tous nos officiers sont persuadés, après une expérience de trois journées de bombardement, que l'ennemi n'arrivera pas, malgré ses formidables Krupp, à détruire nos murailles.

Quelques cheminées enlevées, plusieurs magasins défoncés, les casernes trouées par les obus : voilà tout. Les murs épais de meulière et les casemates ont parfaitement résisté. Quelques éclats de pierre ont bien volé çà et là, quelques buttes de terre ont été éventrées, mais il ne s'est produit aucun incident qui puisse donner des inquiétudes.

D'ailleurs, nous avons le remède à côté du mal. La panacée universelle qui, pour les fortifications, guérit toutes les blessures d'obus et de boulets, c'est la terre. Avec elle on peut réparer toutes les brèches, panser toutes les plaies. La poudre et le plomb manqueront depuis longtemps aux Prussiens que nous aurons encore des sacs de terre rangés sur nos créneaux.

Nos soldats commencent à s'habituer à cette canonnade ; aussi, les accidents deviendront-ils de jour en jour plus rares. Un officier d'artillerie me disait, au fort de Noisy, que l'on n'est tué dans un fort que quand on le veut bien.

Cette parole contient beaucoup de vrai : presque tous nos soldats ont été atteints un peu par leur faute : ici, ce sont des gardes nationaux qui ont négligé de se réfugier dans les casemates, là ce sont des artilleurs qui ont oublié de fermer l'épaisse porte blindée, sans se douter qu'elle allait livrer passage à un obus.

Avec l'expérience, toutes ces négligences disparaîtront, et les canons prussiens n'auront d'autre inconvénient que de troubler notre sommeil.

Je ne sais ce qui a été constaté au fort de Nogent, mais il est présumable que les résultats obtenus sont à peu près semblables.

Des indices nombreux font croire que l'ennemi songerait si peu à cesser le bombardement qu'il ferait tous les préparatifs pour attaquer le Mont-Valérien.

Cela peut paraître surprenant à beaucoup, mais un instant de réflexion prouvera que les Prussiens n'agissent pas à la légère en s'attaquant à la plus redoutable de nos forteresses.

A 3,600 mètres du fort se trouve un plateau peu connu des Parisiens : la Bergerie. Ce plateau est la plus formidable position des Prussiens. Pas une seule fois dans ces lettres je n'en ai parlé, car il me semblait impossible que le gouverneur de Paris ne songeât pas à cette merveilleuse position.

La chose était difficile sans doute, mais non impossible. Aujourd'hui que le plateau est armé, il n'y a plus aucun inconvénient à parler de lui. D'ailleurs, il est probable qu'avant peu il prendra lui-même la parole.

Entre le plateau de la Bergerie et le fort, il n'y a qu'une différence d'altitude de quelques mètres.

De ce point on commande :

1° La route de Versailles à Saint-Cloud, qui

passe par Ville-d'Avray et la butte de Picardie (distance moyenne : 3,000 mètres).

2º La route de Montretout, qui côtoie Garches, Villeneuve, Vaucresson et Roquencourt, et qui se joint à Versailles par la route de Versailles à Marly (distance moyenne : 1,800 mètres).

3º La route de Versailles à Bougival qui passe par le château de Beauregard et la Celle-St-Cloud (distance moyenne : 3,200 mètres).

4º La route qui va de Versailles à Meudon par Chaville (distance moyenne : 4,900 mètres).

5º La route qui de Versailles se rend à Saint-Germain, par Rocquencourt, Béchevet et Marly (distance moyenne : 5,200 mètres).

De ce point culminant, on commande donc toutes les routes de Versailles. Enfin, on peut loger un boulet dans cette ville (5,000 mètres). Saint-Germain se trouve à une portée possible de 7,900 mèt.

Au point de vue actuel de la défense, la Bergerie est à 3,600 mèt. du Mont-Valérien et à 5,500 mèt. de nos remparts.

Les batteries qui peuvent de ce côté aider à nous bombarder sont aux carrières Saint-Denis, 4,100 mètres ; à Montesson, 5,400 mètres ; à la Jonchère, 4,900 mètres ; à la Celle-Saint-Cloud, 4,900 mètres ; à Garches, 3,400 mètres, et enfin à Montretout, 3,000 mètres. Toutes ces distances prises, bien entendu, du Mont-Valérien.

Pour nous défendre et répondre à l'ennemi, nous avons le Mont-Valérien d'abord, ce géant qui à lui seul défie la tempête, la redoute du Mont-Valérien, les redoutes construites récemment et que je ne veux pas distinguer plus nettement. Nous avons encore Courbevoie et ses pièces marines, et le rempart qui certainement jouera un rôle actif.

De ce côté donc, si l'ennemi est fort pour l'attaque, nous sommes prêts pour la défense.

Ajoutons que les Prussiens pourraient bien trouver dans la Bergerie un plateau d'Avron ; malgré tous leurs travaux et leurs tranchées, ils seront là à découvert, tandis que les formidables murailles de granit du Mont-Valérien défient le boulet.

---

5 janvier.

Les obus prussiens continuent à tomber autour de nos forts, sans que la population s'en émeuve. Il est vrai que les résultats obtenus par l'artillerie prussienne sont si minimes que cette placidité est toute naturelle.

Le bruit avait couru que Saint-Denis était menacé par les krupp. Un rapport officiel constatait que, sur le plateau de Châtillon, les Prussiens avaient fait sauter la Tour-aux-Anglais. Enfin, en avant du Mont-Valérien, des mouvements de troupes importants étaient signalés.

On a vu dans ces faits des préparatifs de bombardement au nord, au sud et à l'ouest. Jusqu'ici, rien ne s'est produit.

Dès le premier jour, je constatais que les Prussiens, pour bombarder utilement tous nos forts, avaient besoin d'un matériel immense : mille à quinze cents canons Krupp pour le moins.

C'était là une réflexion dictée par le simple bon sens.

Mais depuis six à sept jours, bien des incidents se sont produits, bien des faits m'ont été révélés, dont on peut tirer des déductions générales, précieuses à plus d'un titre.

Tout d'abord, je crois pouvoir affirmer que le 21, jour de l'attaque sur le Bourget et de la canonnade en avant de Drancy, les batteries prussiennes du Raincy n'étaient pas encore prêtes. Ce fait a une importance réelle, à cause des conséquences qui en découleront, aussi est-il nécessaire de citer des preuves.

L'attaque du 21, on s'en souvient, a eu deux phases bien distinctes : le matin, les troupes de Saint-Denis ont attaqué le Bourget. A partir de midi, l'action a été concentrée du côté du Drancy et en avant de Bobigny.

Notre artillerie presque seule a donné, mais des réserves importantes étaient massées en arrière. Toute la division Faron se tenait, les armes en faisceaux, depuis la route des Petits-Ponts jusqu'à la ferme du Petit-Drancy ; en avant, du côté de

Groslay, dix à quinze mille hommes, parmi lesquels de nombreux bataillons de la garde nationale, attendaient le signal pour marcher en avant.

De Drancy et de Bobigny à l'Ermitage, il y a 5,500 mètres environ. Comment admettre, si les Prussiens avaient leurs batteries, qu'ils aient laissé échapper cette occasion ? Avec les trente pièces du Raincy, ils pouvaient cribler nos troupes d'obus et nous mettre à terre huit ou dix mille hommes.

Ce n'est pas tout. Vers trois heures et demie, j'ai déjà signalé ce fait, quelques obus sont arrivés sur le Drancy. Jusque-là, pas un projectile n'était tombé de ce côté.

D'où venaient ces obus ? quelques officiers d'artillerie pensaient qu'ils avaient été envoyés par des pièces postées sur la chaussée du chemin de fer : mais ce n'était là qu'une simple hypothèse.

Je crois que l'explication est aujourd'hui bien facile.

Dès le matin du 21, les Prussiens firent venir en toute hâte leurs pièces. Où se trouvaient-elles ? Je ne sais. Assez loin, en tout cas, puisque six à sept heures furent nécessaires au transport, qui a dû se faire rapidement, les Prussiens se servant, dit-on, d'un chemin de fer américain.

Le premier jour elles ont eu à peine le temps de tirer, mais l'ennemi sait par expérience que nous ne faisons pas nos attaques en une fois : nous tâtons le terrain le lundi, nous nous reposons le mardi, et nous attaquons le mercredi.

Les batteries du Raincy pouvaient donc servir. D'ailleurs, l'ennemi avait si mollement répondu à notre feu, et nous annoncions un effort si héroïque qu'il était vraisemblable que nous ne nous en tiendrions pas là.

Malheureusement, la gelée vint nous arrêter. C'est alors que le plateau d'Avron fut bombardé et que nos forts reçurent cette grêle d'obus certainement destinés à nos soldats.

J'ai assez souvent observé les travaux des Prussiens pour avoir été frappé d'un fait. Il est facile, à Châtillon, à Sèvres, à Garches, sur vingt autres points, de voir la terre fraîchement remuée, des épaulements, des cavaliers construits : nulle part je n'ai vu un canon.

Ce fait rapproché des autres ne fait-il pas bien connaître la tactique de l'ennemi? Partout les embrasures sont faites pour recevoir les pièces. L'artillerie est en sûreté, loin de nos obus. Quelques pièces de 4 et de 12 se trouvent en batterie suffisantes pour repousser une première attaque; mais les pièces de siége, trop peu nombreuses pour être utilement réparties partout, sont dans les parcs, d'où un chemin de fer américain les conduit à gauche ou à droite.

Cette hypothèse est confirmée par les faits, le bon sens l'avait fait admettre tout d'abord. N'est-il pas, je le répète, hors de doute que les Prussiens n'ont pu transporter à Paris un matériel suffisant pour nous bombarder utilement? Les cinq à six cent mille kilogrammes de fer qu'ils nous ont envoyés n'ont pu écorner la meulière de nos forts : il faudrait donc dix fois, cent fois cette quantité pour réduire une de nos forteresses.

Il y a là, lorsqu'on songe à la distance, aux difficultés de toute nature, une impossibilité radicale, absolue.

Demain peut-être, les Prussiens bombarderont Saint-Denis, ils attaqueront le Mont-Valérien, ou bien encore ils feront tomber de Châtillon une grêle de bombes et d'obus sur Issy et Vanves; mais ils ne feront pas une attaque simultanée sur trois ou même deux points, et cela pour une raison péremptoire ; ils ne le peuvent pas.

---

7 janvier.

Dans mon dernier article, je m'efforçais de prouver que les Prussiens n'ont qu'un nombre très-restreint de canons. Un bombardement général est impossible, disais-je : l'ennemi pourra nous envoyer ses obus de Châtillon ou du Raincy, mais il ne saurait nous attaquer sur plus de deux points à la fois.

L'événement a vite confirmé mon dire : une violente canonnade a retenti toute la journée sur notre ligne du sud.

Mais avant de dire ce qui s'est passé dans le jour, il est important de nous reporter à la nuit précédente.

A partir de sept heures du soir, le canon a grondé sur Nogent, Rosny et Noisy, mais il était facile de voir que le feu était beaucoup moins nourri. Les obus ne venaient plus, comme la veille, de Gagny, de Gournay et de Noisy-le-Grand. Seule, la batterie du Raincy tirait, soutenue par les quelques pièces qui sont en position à Villiers.

Et encore une oreille tant soit peu exercée eût reconnu que cinq à six pièces étaient seules dirigées contre nos forts. Les coups se succédaient très-régulièrement de deux en deux minutes, et les détonations se confondaient presque.

Il était évident que c'étaient bien les mêmes pièces qui tiraient : jusqu'à quatre heures du matin, le feu ne cessa pas.

Quant à nos forts, ils conservaient leur impassibilité.

A ce moment, il était facile de prévoir ce qui devait se passer le lendemain : Bicêtre, Montrouge, Vanves, Issy, allaient être bombardés.

Il n'était pas besoin d'être grand clerc pour deviner cela. Gournay, Noisy-le-Grand, Gagny se taisaient, parce que les pièces enlevées de leurs positions étaient rapidement transportées sur un autre point qui ne pouvait être qu'au sud. Autrement, c'est du Raincy que seraient partis les coups de canon. Les quelques pièces qui tiraient à l'est sur nos forts n'agissaient ainsi que pour dissimuler cette manœuvre.

Tout cela est du bon sens, de la vulgaire logique.

J'avoue humblement que je m'attendais à un mouvement vivement exécuté par nos troupes ; l'occasion est si belle, me disais-je, que nous n'aurons garde de la laisser échapper.

La nuit était noire, propice à un coup de main. Trois à quatre mille hommes partant du fort de Charenton, quelques milliers de soldats sortant sans bruit du fort d'Ivry, et se postant en avant, pouvaient amener des résultats plus considérables qu'une bataille rangée.

Si l'hypothèse que j'ai soutenue avant-hier est juste — et à ce moment elle était déjà plus que vraisemblable ; avec les faits nouveaux qui se produisent, elle ne me paraît plus discutable, — les canons prussiens étaient cette nuit même transportés de l'est au sud. Par quels points passe le chemin de fer américain construit par l'ennemi ? Je ne sais, mais ce qui est bien certain, c'est qu'arrivé à Bonneuil, il faut de toute nécessité remonter au carrefour Pompadour jusqu'à la route de Gex, puis redescendre par la route nº 58 jusqu'au pont de Choisy.

Une attaque bien menée en avant de Charenton avait chance de réussir. Sans doute, on est là sous le canon de Montmesly, on risque de rencontrer plus fort que soi. Mais c'est à la guerre surtout que le proverbe est vrai : « Qui ne risque rien n'a rien. » D'ailleurs, si nous ne pouvons nous risquer à 2,000 mètres de nos forts, que parlons-nous de trouée ?

De Choisy, le chemin est tout tracé : il faut passer par la route n° 67 qui aboutit à la route d'Antibes, laisser Thiais derrière soi, parcourir Chevilly pour atteindre Châtillon par Bourg-la-Reine et Fontenay.

Dans ce long trajet, il y a un point où nous aurions encore pu risquer un hardi coup de main, c'est en avant du moulin Saquet et du moulin d'Argent-Blanc.

Sans doute, pour de semblables entreprises, il ne faut pas des sonneries de clairons qui avertissent l'ennemi deux heures à l'avance, pas de sacs, de bâtons de tentes : le flingot et les cartouches, voilà tout. Comment donc faisaient nos zouaves lorsqu'ils luttaient contre les Arabes ? Quoi ! dans le désert, là où pas un arbre, pas un monticule ne pouvait dissimuler notre marche, nous avons pu surprendre des hommes à demi sauvages, habiles à percevoir le moindre son, à flairer la moindre embuscade, et ici, à Paris, où tout est hauteurs et forêts, nous ne parviendrions pas une seule fois à prendre en défaut des Prussiens que nous considérions comme des naïfs, des buveurs de bière, des mangeurs de choucroute !

Mais, dira-t-on, l'expédition pouvait ne pas réussir. En admettant que l'ennemi n'ait qu'un nombre très-restreint de canons, il peut en avoir assez pour former deux parcs, l'un au sud, l'autre au nord. De la sorte, il menacerait deux points à la fois, et gagnerait un temps précieux, en n'ayant à faire au maximum que la moitié de la circonférence au lieu de la totalité.

Cette opinion est très-soutenable. Pour moi, je crois, d'après les preuves que j'ai citées et le silence subit des batteries de Gournay, Noisy-le-Grand et Gagny, la première hypothèse beaucoup plus vraisemblable.

En tout cas, ces deux suppositions sont bien évidemment les seules qui puissent être admises.

Dans le second cas, l'expédition aurait échoué. Il aurait fallu recommencer demain, après-demain, tous les jours, jusqu'au moment où l'on aurait rencontré le succès.

Que risque-t-on à tenter de telles entreprises ? La retraite est assurée par nos forts ; l'ennemi ne peut songer à nous poursuivre. D'ailleurs, en semblable circonstance, tout l'avantage est, la nuit, aux assaillants. Rappelons-nous les alertes que nous avons eues depuis trois mois en avant de Cachan et de Villejuif. Les coups de fusil pétillaient à droite, à gauche, partout : les mobiles juraient leurs grands dieux « qu'il y en avait au moins dix mille. » La vérité bien vraie, c'est qu'une centaine de Prussiens au plus s'étaient avancés.

Les troupes se forment vite à semblable jeu ; là où il y a des conscrits, dans quinze jours nous aurions de vieux soldats. Pour l'expérience, une nuit vaut vingt jours.

J'avoue humblement ne pas comprendre un mot à tout ce qui se passe. Je ne rencontre que des gens, militaires ou non, qui « ont un plan. » Il y en a même qui en ont plusieurs. Avoir un plan est en ce moment tout ce qu'il y a de mieux porté. Dans les soirées — au thé — on prie le monsieur à cravate blanche d'exposer son plan, et comme le monsieur a l'air d'un notaire, on l'écoute avec d'autant plus d'attention.

— Pensez donc! si dans ses cartons il avait trouvé le fameux pli du général Trochu!

Que j'aimerais mieux un chef tout franc et tout rond qui viendrait nous dire :

Je n'ai pas de plan ; je ne veux pas en avoir. D'ailleurs, je ne le peux pas. D'après ce que fera l'ennemi demain, je saurais ce que j'ai à faire. Livrerais-je bataille tel jour ? Je vous le dirais le lendemain ; mais la veille, je ne le pourrais. Quand je verrais les Prussiens aller à droite, j'irais à gauche. Avant-hier, ils bombardaient Noisy ; peut-être aurais-je jeté cinquante mille hommes sur Châtillon. Aujourd'hui, ils nous attaquent de ce côté ; peut-être bien irais-je leur rendre visite au Raincy. Mais, huit jours à l'avance, assembler un conseil de guerre pour discuter sur quel point on doit faire la trouée... merci. Il me faudrait d'abord savoir quels obstacles m'attendent à 500 mètres de nos avant-postes. Réussirais-je ? Je ne sais ; mais, en tout cas, j'essaierai chaque fois que l'occasion s'en présentera.

C'est là la vraie, la seule guerre. Que diriez-vous, en escrime, d'un tireur qui, avant de croiser le fer et de connaître le jeu de son adversaire, se dirait : Je porterais tel ou tel coup ?

Vous penseriez que, sous peine d'être embroché, le susdit monsieur a grand besoin d'aller trouver un maître d'armes pour apprendre qu'on doit profiter de toutes les fautes de son adversaire, faire de feintes attaques, jusqu'au moment où il y a de la place pour passer.

Une armée se dirige comme une épée. Nous avions deux beaux dégagements à porter à l'ennemi : cette nuit, en tâchant de surprendre son artillerie en route ; aujourd'hui, en nous jetant à l'est sur les points forcément dégarnis.

Nous ne l'avons pas fait, hélas !

Du moins, nos forts ont fortement gêné l'ennemi, tirant sans relâche sur les routes qui, de Gagny, Gournay, Noisy-le-Grand, conduisent à Châtillon ? Hélas ! non, pas un coup de canon du côté du sud : la nuit s'écoule silencieuse et morne.

Il était pourtant logique d'inquiéter l'ennemi, sinon par des troupes, au moins par le canon de nos forts. De Charenton à ce carrefour Pompadour il y a 3,500 mètres, du Moulin-Saquet à la route n° 67 (qui conduit de Choisy à Chevilly) 2,500. Enfin, les Hautes-Bruyères, Montrouge, Issy, Vanves, Arcueil, tous nos forts, toutes nos redoutes pouvaient tirer à la fois, paralysant l'établissement toujours si difficile de batteries. Nous avons préféré nous taire et attendre le premier coup de canon de l'ennemi.

Il s'est fait entendre à sept heures du matin.

Je me suis appliqué à relever aussi exactement que possible les positions des batteries ennemies. Autant que j'ai pu voir, car ce travail est loin d'être facile, les principales se trouvent à Fontenay, Châtillon, Clamart et Meudon.

Les pièces prussiennes sont placées, à Châtillon, sur deux points différents : les unes, au sommet du plateau, menacent directement Montrouge, Bicêtre, les Hautes-Bruyères et la redoute d'Arcueil. Elles sont soutenues par la batterie qui se trouve en arrière, à Fontenay.

Les autres pièces sont sur le versant à droite (par rapport à nous), elles tirent sur Vanves et Issy.

A Clamart, au sommet du coteau, il y a une maison blanche; à la gauche de cette maison, les Prussiens ont établi une batterie qui appuie, sur Issy et Vanves, le feu de Châtillon.

Au château de Meudon, trois batteries : l'une, à la gauche, tire sur nos deux forts; à la droite, deux batteries, dont une à deux étages. Ces dernières pièces menacent Billancourt, le Point-du-Jour et Auteuil.

Notre feu a d'abord été un peu hésitant ; pourtant nous devions connaître la position de l'ennemi, car, depuis trois mois, nous avons jour par jour assisté à ses travaux. Vanves, le premier, a répondu aux Prussiens. Il est vrai que de tous nos forts celui-là est le plus rapproché. Montrouge a suivi et, vers les dix heures, la canonnade est devenue générale.

Toutes nos forteresses étaient noyées dans une brume épaisse, encore augmentée par la fumée des canons. On ne voyait que la lumière et la flamme.

Jamais, en revanche, semblable bruit n'a frappé des oreilles humaines. Ivry, Bicêtre, Montrouge, Vanves, Issy, les Hautes-Bruyères, Arcueil, de notre côté; Fontenay, Châtillon, Clamart, Meudon, chez l'ennemi, tout tirait. Jusqu'à la nuit, cette fantastique canonnade a duré.

Vers midi, les canons des remparts ont pris part à la fête : du bastion d'Auteuil au bastion 75 environ, les remparts envoient leurs projectiles à l'ennemi. Le bastion 66, qui fait l'angle à la Seine, s'est fait distinguer par son acharnement. Cette persistance était sans doute désagréable aux Prussiens, car ils se sont un moment acharnés après ce bastion. Les obus pleuvaient comme grêle. Ils n'ont d'ailleurs fait aucun mal.

La route qui d'Auteuil conduit au Point-du-Jour offrait un curieux spectacle : plus de sept à huit cents personnes se présentaient, interrogeant, courant. Au moindre coup de canon, chacun se précipitait à plat ventre. S'il n'y avait pas eu des femmes, on aurait cru voir des sénateurs ou des ministres de l'Empire.

A côté de moi, un gros bonhomme, tout effaré, trottinait avec ses petites jambes courtes sur la glace. Malheureusement, il perd l'équilibre et roule à terre. Un gavroche s'élance :

— Pardon, mon bourgeois, mais c'est pas comme ça qu'on fait l'étalage. Je vas vous donner une leçon de fauteuil d'orchestre, ça ne coûte que deux sous.

Et de rire !

Si cet excellent M. de Bismark a l'heureuse idée de continuer le bombardement, avant trois jours le Point-du-Jour aura remplacé Longchamp. On y criera : Des cigares et du feu !

Pourtant, il tombe des obus, des vrais, pas en sucre comme le soutient une petite dame qui veut absolument courir après : il en pleut rue Boileau, à Sainte-Périne, sur l'aqueduc du chemin de fer, dans la Seine. N'importe, personne ne s'en va : le soir seulement, on s'en retourne à regret, se promettant de revenir, et se disant :

— Je me suis joliment amusé

15 janvier.

Nous sommes un peuple étrange : nous avons tous les enthousiasmes et toutes les ardeurs, mais la mémoire nous manque.

Nous ne savons pas haïr !

A tous ces crimes odieux, faut-il donc accorder l'oubli ? Jetterons-nous le voile sur ce passé sinistre, et la nation, tout occupée à panser ses plaies, reprendra-t-elle sa vie paisible ?

Cela est impossible.

Nous n'avons pas le droit de faire le silence et l'ombre à notre gré. Au-dessus des rois et des peuples, plus puissante que les armées, il y a l'histoire.

Un roitelet peut bien nuitamment voler une couronne impériale, mais l'éternelle justice veille, et un jour vient où elle inscrit ce mot : *filou*, sur le front couronné.

D'ailleurs, ce n'est pas la justice seule qui nous ordonne de ne pas oublier, c'est l'intérêt.

Les Allemands le disent hautement et ils ne se trompent pas, c'est une guerre d'extermination qui est engagée.

Nous leur offririons maintenant l'Alsace et la Lorraine, nous leur donnerions la Champagne, Paris même, qu'ils refuseraient.

Car ils savent bien que tant qu'il restera un sol français, quelque minime qu'il soit, il y aura pour eux danger de mort.

Si nous parvenons à les repousser demain, ils attendront pour reprendre leur œuvre d'extermination que nous soyons endormis.

Donc, il nous faut veiller sans cesse, et nous souvenir.

Au delà du présent, il y a l'avenir : à côté du père qui succombe, le fils qui venge.

C'est pour l'avenir, c'est pour nos fils qu'il nous faut remonter ce fleuve de sang, enregistrer une à une toutes ces infamies, ces trahisons.

Les peuples ont leurs livres d'or où sont inscrites les héroïques prouesses : il faut que l'Allemagne ait son livre rouge.

Sur chaque feuillet, nous écrirons l'histoire de cette guerre déloyale.

Pas d'ornements, pas de phrases, pas de style : rien que des faits indiscutables.

Il ne faut rien transcrire de ce qui est douteux, rien omettre de ce qui est vrai.

Au point de vue stupide de la gloire, il est beau d'avoir pris des villes, gagné des batailles, tué des milliers d'hommes.

Mais, sur ce fleuve de sang où les cadavres s'enfoncent et disparaissent, l'enfant surnage. Comme Moïse, le berceau flotte sur ces vagues dont la crête est rouge.

Alors, on n'est plus Guillaume le victorieux, devant qui les peuples se prosternent et se courbent : on s'appelle *l'assassin*.

Entre la France et l'Allemagne, il ne faut plus seulement une frontière : il faut une barrière.

Un livre peut parfois être une digue.

Peu à peu les rancunes s'effacent, la haine s'amoindrit ; les faits deviennent de moins en moins précis, leur souvenir même s'efface.

Il ne reste plus qu'une sorte d'antipathie vague, instinctive que les philosophes traitent d'absurde.

Le livre reste.

Peu lui importe le temps, il ne pardonne pas. Il montre toujours la jeune fille éventrée par la bombe, l'enfant assassiné dans son sommeil.

Il reste insensible à toutes les avances ; il est implacable.

Balles explosibles, trahisons, hôpitaux criblés, prisonniers lâchement fusillés, vols, il n'oublie rien.

Il appelle hautement les uns meurtriers, les autres filous. Il parle du cachemire volé comme du soldat assassiné.

Un tel livre n'est pas l'œuvre d'un homme, mais de tous.

Il faut que chacun de nous dise ce qu'il sait, raconte ce qu'il a vu.

Le soldat qui ramasse une balle explosible l'apportera : l'infirmier dont le drapeau à la croix rouge a été traîtreusement percé par la mitraille viendra témoigner de l'infamie de ces hommes qui tirent sur les ambulances et massacrent les blessés.

Personne ne doutera des faits annoncés, car ils doivent être examinés soigneusement par une commission composée de telle sorte que l'incrédulité soit impossible.

En face de toutes ces infamies, il faut mettre tout ce qui est honorable. Tous ceux qui dans Paris se sont élevés par l'intelligence, le talent, l'honnêteté, vérifieront les faits, signeront les procès-verbaux.

Ce livre ne sera pas l'histoire de la guerre, il en sera la morale.

Dans les campagnes, le maître d'école fera épeler aux enfants tous ces sombres récits, et avec la force naîtront dans tous ces cœurs la haine et la soif de la vengeance.

Si nos murs s'écroulent sur nos têtes, si nous succombons, si le passé enfin est à ces bêtes fauves, nous aurons une consolation suprême — la seule que nous demandions : nous serons vengés.

CHAPITRE XI

LA BERGERIE — BUZENVAL.

20 janvier.

L'attaque d'hier avait été bien conçue. Tandis que les autres jours, nous annoncions naïvement de quel côté nous devions diriger nos efforts, comme pour mieux donner à l'ennemi le temps de se préparer, on avait cette fois pris toutes les précautions commandées par la prudence. Une action était imminente, chacun le devinait, le sentait, mais quel point devions-nous aborder? Nul n'aurait pu le dire.

Afin de mieux égarer l'ennemi, le général Trochu avait eu recours à deux précautions très-sages. De nombreux bataillons de la garde nationale sédentaire avaient été dirigés sur les bords de la Marne. Ils avaient si bien été remarqués, que les Prussiens dirigèrent de ce côté un assez vif feu d'artillerie qui ne nous causa heureusement aucun mal.

Enfin, les ambulances, qui d'habitude reçoivent la veille des indications très-précises, n'ont cette fois été prévenues que dans la nuit.

En un mot, rien n'avait été négligé, toutes les précautions commandées par la prudence et l'expérience avaient été prises.

Malheureusement le temps était peu propice ; la nuit noire, brumeuse, le terrain glissant se prêtaient peu à une semblable concentration de troupes.

Notre armée avait été divisée en trois parties commandées : l'aile droite par le général Ducrot, l'aile gauche par le général Vinoy, le centre par le général de Bellemare.

D'après les ordres du gouverneur, ces trois corps devaient, à la même heure, aborder les positions ennemies qui leur étaient désignées.

Un fâcheux contre-temps vint, dès le début, tout compromettre.

Les troupes du général Ducrot n'arrivaient pas, et c'est à elles qu'incombait la plus dure besogne.

Parties de Saint-Denis, elles devaient rapidement traverser la presqu'île de Gennevilliers. L'ordre fut-il mal compris, la distance avait-elle été mal calculée, n'avait-on pas fait la part du hasard, de cet aléa terrible qui a perdu tant de batailles ? Je ne sais. Mais un obstacle imprévu arrêta nos troupes en route. Une batterie prussienne établie à Carrières-Saint-Denis, c'est-à-dire à moins de 2,700 mètres, balayait la route. Notre artillerie de campagne essaya, mais en vain, de forcer l'ennemi au silence.

Les Prussiens, comprenant toute l'importance de leur attaque, redoublaient d'efforts.

Que faire?

Passer sous cette pluie de boulets et d'obus était chose trop périlleuse. On le pouvait sans doute, mais il eût été fou de le tenter : nos soldats seraient arrivés au combat épuisés, décimés avant d'avoir brûlé une cartouche.

Pourtant, il fallait aviser ; on entendait déjà le crépitement de la fusillade et le roulement strident des mitrailleuses.

Sur l'ordre du commandant en chef, une locomotive blindée, armée de puissantes pièces, fut envoyée sur la voie. Elle ouvrit un feu si terrible que l'ennemi fut obligé de se taire.

Nos troupes purent passer ; mais deux heures avaient été perdues.

Deux heures qui devaient influer d'une façon terrible sur l'issue de la journée !

A l'heure convenue, au point du jour, le signal fut donné à nos troupes ; Ducrot n'arrivait pas, il est vrai, mais le retard pouvait ne pas être long.

D'ailleurs, le temps pressait ; il fallait agir à tout prix.

Le général Vinoy suivit la voie parallèle à la Seine, laissant à sa droite la Briqueterie. Les zouaves et le 136e de ligne, soutenus par de nombreux bataillons de marche de la garde nationale, formaient la première colonne d'assaut.

Rapidement, les hauteurs de Montretout furent

enlevées. On se battait avec acharnement. Les Prussiens, surpris à l'improviste, se défendaient vigoureusement, mais s'ils avaient l'avantage de la position, nous avions l'avantage du nombre : il leur fallut céder.

Ce premier résultat n'avait pas été obtenu sans peine; nos troupes avaient souffert du feu ennemi, et plusieurs de nos officiers étaient tombés en héros.

Je n'en citerai qu'un : Rochebrune. Ce nom n'éveille-t-il pas le souvenir de la dernière guerre de Pologne ? On voit errant dans la neige, traquées comme des loups, ces hordes héroïques qui tinrent un instant tête au puissant empire russe.

Eh bien ! Rochebrune, des zouaves de la mort, Rochebrune l'héroïque, lui que ses compagnons d'armes appelaient le tigre, Rochebrune est mort frappé par une balle polonaise !

Les Polonais occupaient Montretout.

Les hauteurs conquises, nos soldats, sans prendre un moment de repos, se jetèrent sur Saint-Cloud. La ville fut fouillée en tous sens. Cette fois, on ne négligea pas de chasser l'ennemi des caves.

Un épais rideau de tirailleurs faisait le coup de feu avec les Prussiens qui occupaient les bois.

Si la victoire avait été chèrement payée, en revanche elle était complète. Onze pièces de canon étaient en notre pouvoir. Le général de Belfort en informait le général Trochu, et un troupeau de bœufs assez considérable passait des mains de l'ennemi dans les nôtres.

Outre ces prisonniers, nous en avions d'autres moins sympathiques, presque tous Polonais ; on voyait aussi quelques Silésiens, ces prisonniers paraissaient peu mécontents de leur sort.

Ils envoyaient des baisers, en passant dans les rangs de nos soldats.

Pendant que l'aile gauche (général Vinoy) s'emparait de Montretout, le centre, commandé par le général de Bellemare, descendait les pentes du Mont-Valérien et abordait les positions de l'ennemi. Cette ligne s'étendait depuis la porte de Longboyau jusqu'à la porte Jaune.

Le premier obstacle que l'on rencontra fut une ferme située au delà de la Fouilleuse. Deux fois nos troupes se lancèrent contre cet obstacle, deux fois elles durent reculer. Plusieurs bataillons de la garde nationale arrivaient. Un même cri sortit de toutes les poitrines :

— A la baïonnette !

Et ces soldats citoyens se ruèrent sur l'ennemi. Un terrible feu de mousqueterie les accueillit ; mais l'élan était donné ; la furie française devait triompher des obstacles ; l'ennemi balayé s'enfuit entoute hâte.

Ce premier triomphe de notre centre fut salué par un hourrah ! Mais ce n'était encore là qu'un jeu d'enfant ; le plus terrible de la besogne restait à faire, nos troupes reprirent leur élan.

Elles s'avancèrent, sans trouver grande résistance jusqu'à la hauteur 112 où elles purent donner la main à l'aile gauche.

Là encore nous avons vu tomber un brave et loyal officier, Seveste, de la Comédie-Française. Les quinze carabiniers parisiens qu'il commandait étaient couchés en tirailleurs, faisant face à l'ennemi. A quelque distance, une compagnie de mobiles de la Drôme maintenait les Prussiens en respect. Les balles sifflaient comme grêle. Le capitaine des mobiles voulut s'avancer. Seveste s'élança à ses côtés, désireux d'avoir sa part d'héroïsme et de victoire. Il tomba, la cuisse traversée.

La blessure est dangereuse, mais non mortelle. La croix d'honneur est due à ce vaillant, il faut qu'il la reçoive sur son lit de douleur.

Au centre, le général de Bellemare rencontrait une terrible résistance. Mais nos soldats, enlevés par la garde nationale, surmontaient un à un tous les obstacles.

Une seule position ne put être enlevée, malgré le courage héroïque déployé par les compagnies de marche. Arrêtés devant le parc de Buzenval, nos gardes nationaux faisaient le coup de feu contre un mur crénelé d'où les Prussiens répondaient à coup sûr. Une batterie eût suffi pour jeter bas l'obstacle, mais, hélas! l'artillerie ne vint pas, et après une journée d'attente et de dangers, nos soldats durent reculer, vaincus non par l'ennemi, mais par cette fatalité, cette imprévoyance sans égale qui pèsent si lourdement sur nous depuis le début du siége.

Le combat avait pris une forme nouvelle ; on se battait non plus en ligne, mais isolément. Dans tous ces replis de terrain, plantés de vignes, coupés de petits bois, une attaque de front est impossible. Nos soldats, couchés, rampant, s'avançaient en tirailleurs, gagnant du terrain à chaque seconde, mais aussi à chaque pas laissant un ruisseau de sang.

L'ennemi combattait avec acharnement, à l'abri des retranchements qu'il avait multipliés.

Depuis longtemps déjà, les troupes du général Ducrot étaient entrées en ligne. Elles avaient rapidement balayé la droite, et occupaient la Malmaison.

A ce moment, il est possible de jeter un coup d'œil général sur le champ de bataille. Le terrain représente assez bien un vaste triangle. A l'un des angles, se trouve le Mont-Valérien, à l'autre Montretout, au troisième enfin la Jonchère. La Jonchère et Montretout sont les positions extrêmes occupées par les corps d'armée Ducrot et Vinoy.

La base de ce triangle fait face au Mont-Valérien dont elle est distante de 3,500 mètres. Cette base a environ 7,000 mètres. Là, se trouvent toutes les positions ennemies : La Jonchère, la Celle-Saint-Cloud, Saint-Cucufa, sur la droite; sur la gauche, Garches, et enfin, au centre la Bergerie.

Le plan de la bataille apparaît alors bien clair, bien précis. Pendant que nos soldats crient : à Versailles! le mouvement important s'opère. De la gauche et de la droite nos colonnes se rabattent vers le centre; on dirait un éventail qui se ferme. Toutes nos forces convergent vers un point unique, la *Bergerie*.

Il y a bien peu de jours que, dans le *Soir*, j'ai montré l'exceptionnelle importance de cette position. De ce plateau, on domine Versailles, on commande toutes les routes qui rayonnent vers Saint-Germain et Meudon. Maîtres de la Bergerie, nous pouvons cribler, brûler, Bougival, La Celle Saint-Cloud, Louveciennes, et nous ouvrir un passage par Rocquencourt.

La Bergerie en notre pouvoir, la trouée est non-seulement possible, mais presque facile, car Versailles peut être tourné.

La lutte va être longue, acharnée. Qu'importe, si nous restons maîtres du plateau ?

Le premier mouvement de concentration s'opère rapidement ; il est environ deux heures. L'aile droite attaque la Jonchère et Longboyau ; l'aile gauche se jette sur Garches. Malheureusement, les Prussiens ont eu, depuis sept heures du matin, le temps de faire venir des renforts considérables.

Eux aussi, ils ont bien vu où était le nœud de l'action : ils ont laissé massacrer leurs troupes aux points extrêmes, et ils ont massé tous leurs renforts au point central. Le corps de Bellemarre attaque la Bergerie, mais il trouve là une résistance invincible. Une formidable artillerie, rangée sur le plateau, foudroie nos soldats. Les renforts qui doivent venir de la droite (Ducrot) et de la gauche (Vinoy), n'arrivent pas. Eux aussi sont arrêtés par l'artillerie.

J'ai vu de près la batterie de Garches; elle est puissamment armée.

Dissimulée derrière une maison blanche qui est tournée vers le rempart, elle menace le Mont-Valérien et est à deux étages ; vingt-huit embrasures laissent passer la gueule d'énormes pièces qui tirent sans relâche. Un nuage épais de fumée s'élève lentement.

Jusqu'à quatre heures environ, dure ce duel formidable; plus de cinq cents bouches à feu sont en présence; enfin, vers la nuit, il devient évident que l'on ne peut triompher de cette résistance. Nos troupes reculent pas à pas, le Mont-Valérien tonne, et la plaine jusqu'alors si tranquille devient le théâtre d'un dernier combat.

Il faut le dire sans réticence, crûment, nous avons échoué.

D'autres chercheront si le retard de deux heures du matin n'a pas été pour beaucoup dans notre insuccès. Ils se demanderont s'il n'aurait pas fallu tenter une pointe du côté de Chatou et de Meudon pour attirer l'attention de l'ennemi et barrer la route aux renforts prussiens.

Peu importe tout cela, à cette heure, le fait brutal est là : nous avons échoué.

Faut-il pour cela désespérer de notre sainte cause, abandonner la lutte suprême ?

Allons donc !

Si nous ne pouvons battre l'ennemi, il faut l'écraser à force de défaites : il nous faut au cœur la foi robuste, invincible, inaltérable. Si nous avons été vaincus aujourd'hui, nous serons vainqueurs demain.

Après le passé sombre, il y a l'avenir glorieux.

D'ailleurs, ce n'est pas une défaite; loin de là: cette journée a eu un résultat immense; elle a prouvé que l'on pouvait entièrement, absolument compter sur la garde nationale.

Nos jeunes soldats se sont montrés héroïques au feu; ils ont lutté sans faiblesse, avec une énergie indomptable. J'ai vu de vieux zouaves rendre hautement hommage à la tenue de ces recrues qui se conduisaient comme des vétérans.

Je ne puis citer tous les bataillons qui se sont distingués; mais je ne veux pas oublier le 116e, déjà mis à l'ordre du jour.

Le commandant Langlois a été blessé au bras d'un éclat d'obus. Le capitaine adjudant-major est tombé. Les 72e, 82e, 107e, 16e, 239e, 35e, 91e, 84e, 212e, 136e, 78e, 193e, 71e ont vaillamment donné.

Le lieutenant-colonel du 35e régiment de la garde nationale a été grièvement blessé.

Vers cinq heures et demie, une cinquantaine de prisonniers ont passé par la porte Maillot.

22 janvier.

Je ne reviendrai pas aujourd'hui sur les incidents principaux de la bataille. J'ai assez exactement indiqué le point central, la Bergerie, et les lignes principales, pour ne pas avoir besoin de compléter mon récit. Mais je crois utile de mettre en lumière plusieurs points secondaires.

Toutes les informations que j'ai recueillies — et elles sont nombreuses — témoignent de l'intrépidité déployée par la garde nationale. Partout, nos braves concitoyens ont combattu avec une ardeur, une crânerie dignes de vieux troupiers. A Buzenval, le 116e bataillon, que j'ai déjà cité hier, a fait une charge à la baïonnette contre un mur crénelé derrière lequel tiraillaient les Prussiens. Cela est héroïque, insensé, mais l'ordre avait été donné.

Le 69e était déployé en tirailleurs devant le château entouré de murs, de fossés. Une attaque avait été dirigée contre cette formidable position. Le feu violent de l'ennemi avait obligé nos troupes à reculer. Il ne restait là que quatre-vingt-quatorze hommes du 69e bataillon de la garde nationale couchés en tirailleurs. Un général arrive et, désignant du doigt les lignes ennemies :

— Allons, messieurs les gardes nationaux, dit-il, il faut enlever cela.

Un moment de stupeur suivit cette parole

étrange. Le général, comprenant tout ce que sa proposition avait de singulier, prit le sage parti de se retirer. Je connais le nom de cet officier qui, jusqu'ici, n'a pas été fort heureux. Nos gardes nationaux de retour ne manquent pas de se moquer de ces âneries.

M. de Langle, aide de camp du général Trochu, a été dangereusement blessé. Je crains malheureusement que ce ne soit pas le seul, car trois sabres ont été rapportés souillés de sang au logis du gouverneur.

Le 12e de la garde nationale a fait preuve d'une grande vigueur. Arrivé devant la maison Pozzo di Borgo, il fut accueilli par une violente fusillade; sans se laisser intimider, le bataillon prit des pierres, des pavés et construisit une barricade : une demi-heure suffit à cette besogne. Les Prussiens, devant cette énergique attitude, crurent prudent de battre en retraite.

Un aide de camp du général Ducrot m'affirme un fait tellement étrange que je ne le donne que sous toutes réserves. L'ennemi, profitant d'un moment de confusion, aurait avancé une batterie jusqu'à 1,500 mètres du Mont-Valérien. Cette batterie aurait été démontée en moins de cinq minutes.

Le fait est invraisemblable ; pourtant j'y croirais volontiers, en me rappelant qu'un fait analogue s'est déjà produit. A Longeville-lès-Metz, le lendemain de la bataille de Borny, une batterie ennemie vint s'établir au milieu de nos lignes, et tira deux ou trois coups de canon qui tuèrent un colonel du génie.

Je terminerai là mon récit, car chacun de nous, grâce au retour des bataillons de guerre, est à même de connaître les détails de cette affaire glorieuse, malgré ses résultats négatifs.

Il me reste à insister sur un point délicat; je ne le ferais pas si je n'étais absolument sûr de ce que j'avance.

Une attaque tentée au nord, sur le Bourget par exemple, aurait absolument réussi. Ce n'est pas là une allégation, mais une affirmation. Le commandant Poulizac a fait une reconnaissance et enlevé deux Prussiens plus communicatifs que ne le sont d'habitude leurs compatriotes. Ces prisonniers ont dit textuellement :

— Nous sommes bien heureux que l'on n'ait pas attaqué le Bourget, il n'y avait plus de troupes.

Je me dispense de tout commentaire.

. . . .

Cette bataille devait être la dernière. Aux Prussiens, était venu se joindre un ennemi plus terrible : la faim. Huit jours après ce combat, un armistice était signé.

TABLE DES MATIÈRES

Au lecteur... v
Chapitre premier. — Strasbourg, Metz, Nancy...... 1
Chapitre ii. — Aux avant-postes, Forbach, La Brême-d'Or, Spikeren, Styring............................. 41
Chapitre iii. — La bataille de Forbach............... 61
Chapitre iv. — Gravelotte............................... 83
Chapitre v. — Reims, Suippes, Saint-Brice.......... 107

SIÉGE DE PARIS

Chapitre vi. — Combats de Châtillon et de Chevilly. 133
Chapitre vii. — Combats de Bagneux et de Montre-tout, Le Bourget.. 151
Chapitre viii. — L'Hay, Champigny, Villiers........ 175
Chapitre ix. — Le Drancy, Le Bourget............... 203
Chapitre x. — Le Bombardement...................... 215
Chapitre xi. — La Bergerie, Buzenval................ 243

Imprimerie L. Toinon et Cⁱᵉ, à Saint-Germain.